LA LLAVE AL CORAZÓN DE TU HIJO

LA LLAVE AL CORAZÓN DE TU HIJO

GARY SMALLEY

Publicado por
GRUPO NELSON
Una división de Thomas Nelson Publishers
Desde 1798

www.gruponelson.com

GRUPO NELSON
Una división de Thomas Nelson Publishers
Juntos inspiramos al mundo

LA LLAVE AL CORAZON DE TU HIJO

© 1991 EDITORIAL CARIBE
P.O. Box 141000
Nashville, TN 37214-1000

Publicado originalmente en inglés con el título de
THE KEY TO YOUR CHILD'S HEART
Copyright © 1984 por Gary Smalley
Publicado por Word, Incorporated
Irving, Texas 75039, E.U.A.

Versión castellana: Cecilia Romanenghi de De Francesco
Editor en Jefe: Raquel Boqué de Monsalve

ISBN 0-88113-052-4
ISBN 978-0-88113-052-2

Printed in U.S.A.

E-mail: caribe@editorialcaribe.com

17ª Impresión
www.caribebetania.com

En memoria de nuestros padres
Uel Jefferson y Eleanor Deck,
Frank y Emily Smalley.
Y dedicado a nuestros hijos
Kari, Greg y Michael,
con quienes tenemos un compromiso de por vida.

Indice

La llave al corazón de tu hijo   11

**1. Cómo vencer al mayor destructor   15
de las familias**

- *Un espíritu cerrado*
- *Las manifestaciones de un espíritu cerrado*
- *Cómo reabrir el espíritu de un hijo*
- *Cinco pasos para reabrir el espíritu de un hijo*
- *Razones por las cuales alguien puede rehusarse
  a perdonar*
- *Observar el tono de voz y las expresiones
  faciales para reconocer un espíritu cerrado*
- *Cómo un niño o un adulto puede reabrir su
  propio espíritu*
- *¿Cuán abierto está el espíritu de tu hijo?*
- *84 maneras en las que puedes ofender a tu hijo*

2. La paternidad que obtiene   **43**
resultados positivos

- *Cuatro tipos básicos de padres: Los padres dominantes, los padres indiferentes, los padres permisivos, los padres amorosos y firmes.*
- *Los dos factores más importantes en la crianza de los hijos*

3. La expresión del apoyo amoroso. El aspecto   **57**
más importante de la crianza de los hijos

- *Compromiso incondicional*
- *Momentos programados*
- *Estar disponibles para los hijos*
- *Trato tierno*
- *Contacto visual frecuente*
- *Escuchar comprensivamente*
- *Contacto físico significativo*

4. Equilibrando el apoyo amoroso   **73**
por medio de contratos

- *Estableciendo límites por medio de contratos*
- *Nuestros experimentos para hacer cumplir los contratos*
- *Una manera práctica de implementar los contratos familiares*
- *No basta con que confíes, inspecciona*
- *Contratos para las citas con el sexo opuesto*
- *Contratos para conducir*
- *Pautas para el castigo corporal*

5. Tres maneras poderosas de motivar   101
a los hijos

* *Utilizar la inclinación natural del niño*
* *Utilizar el principio de la sal*
* *Utilizar metáforas que comparan las emociones con una experiencia*

6. Diecinueve maneras adicionales de   121
motivar a los hijos

* *Ayudar a los hijos a que elijan sus propias metas*
* *Espera que tus hijos escojan el bien*
* *Relacionar a nuestros hijos con personas que admiramos*

7. El secreto de una familia unida   141

* *Seis características de una familia unida*
* *Compartir experiencias de la vida*
* *Tratar con las dificultades en una forma positiva*
* *Tres maneras prácticas de compartir la vida juntos*

Guía de estudio   156

La llave al corazón de tu hijo

A pesar de ser verano, soportábamos el duodécimo día consecutivo de lluvia, mientras viajábamos por el país. Todo en nuestra pequeña casa rodante estaba húmedo, y los cinco estábamos cansados unos de los otros.

Habíamos viajado hasta el Canadá para ver la belleza del Parque Nacional Banff. Yo les había descrito las hermosas montañas y los ríos que veríamos, pero durante tres días seguidos, la niebla y la lluvia habían velado la belleza del paisaje. Ahora, en la cuarta mañana, nos encontrábamos sentados en un restaurante tratando de decidir qué hacer. Yo insistí que volviéramos a nuestra casa en Phoenix, Arizona donde el clima es seco y cálido. Desde allí yo viajaría solo a Seattle, estado de Washington, que era donde tenía mi próximo compromiso. Mi esposa Norma rogaba que nos quedáramos un día más en el Canadá para ver si salía el sol. Kari, nuestra hija de quince años, deseaba que continuáramos hacia Seattle. Nuestros dos hijos varones "demandaban" que nos quedáramos a pescar en el estado de Washington.

A medida que el tono de voz de cada uno crecía en defensa de su propio plan, Greg, nuestro hijo mediano, exclamó: "¡Alto! ¡Tengo la solución!" Fue tan enfático que hasta nuestros vecinos de la mesa contigua se dispusieron a escuchar. "Pienso que deberíamos volver a la casa rodante, tomar la escopeta y matarnos unos a otros." Todos soltamos una carcajada y eso nos relajó lo suficiente como para permanecer otro día en el cual finalmente el sol reveló la majestuosidad de las montañas canadienses.

¿Por qué será que nosotros cinco, y otras familias similares a la nuestra, pueden atravesar por momentos de mucha tensión como el que experimentamos en el Canadá y, sin embargo, disfrutar de la unidad y la felicidad juntos? Sin embargo, muchas otras familias están tan divididas que aun una crisis menor puede separar para siempre a sus miembros enviándolos en diferentes direcciones.

Existen muchos libros sobresalientes con respecto a la crianza de los hijos, pero sin embargo, luego de leer algunos de ellos, muchas veces me he preguntado: "¿Para qué intentarlo? ¡Es demasiado difícil!" Al dar conferencias y aconsejar en todo el país, he descubierto que muchos padres experimentan una frustración similar.

En este libro descubrirás que somos una familia normal con conflictos muy típicos. Pero hemos tratado de encontrar soluciones prácticas a esos conflictos que se pueden aplicar a todas las familias. Narraremos lo que nos ha dado resultado en nuestro hogar y lo que no ha dado resultado, y compartiremos contigo los principales factores que nos han conducido a una relación íntima.

También resumiremos lo que dicen algunos expertos hoy en día. Por ejemplo, existen cuatro clases básicas de padres, pero sólo una de esas cuatro clases produce los mejores resultados en cuanto a la crianza de los hijos. Examinaremos por qué los hijos de esta clase de padres tienen mayor autoestima, son menos rebeldes y generalmente tienen más éxito en la vida.

Podrás leer cómo trajimos orden y armonía a nuestra familia a través del sencillo método de los "contratos".

Discutiremos diversas maneras prácticas sobre cómo ayudar a los hijos para que no tengan relaciones sexuales antes del matrimonio.

Si te preguntas cómo lograr que tus hijos limpien sus habitaciones, coman comidas sanas y eviten ciertas actividades perniciosas, te podemos ofrecer por lo menos veintidós maneras para motivar a tus hijos. También compartiremos el secreto para aumentar el deseo de tus hijos de escucharte atentamente.

Este libro te dará varios principios básicos que yo creo que son la clave para criar hijos. En particular, el siguiente capítulo trata de un principio, que, si se aplica diligentemente, puede virtualmente garantizar una relación más íntima entre padres e hijos. En mi opinión, es *LA LLAVE AL CORAZON DE TU HIJO*.

La violación de este principio, sin lugar a dudas, ha destruido más familias que cualquier otro factor. Es la principal razón por la cual más de un millón de hijos se han ido de sus hogares y por la cual millones han rechazado los patrones morales de sus padres.[1] Menor cantidad de adolescentes recurrirían al alcohol y a las drogas si los padres comprendieran y practicaran este principio.

Por lo tanto, el concepto que presentamos en el siguiente capítulo provee el fundamento para una paternidad exitosa. Sugiero que lo leas varias veces. Si dominas este principio, puedo asegurarte que harás significativos progresos para llegar a experimentar la alegría y la recompensa de una familia unida.

---

[1]Estas cifras corresponden a EE.UU.A. (Nota del Editor.)

1

Cómo vencer al mayor destructor de las familias

- Un espíritu cerrado
- Las manifestaciones de un espíritu cerrado
- Cómo reabrir el espíritu de un hijo
- Cinco pasos para reabrir el espíritu de un hijo
- Razones por las cuales alguien puede rehusarse a perdonar
- Observar el tono de voz y las expresiones faciales para reconocer un espíritu cerrado
- Cómo un niño o un adulto puede reabrir su propio espíritu
- ¿Cuán abierto está el espíritu de tu hijo?
- 84 maneras en las que puedes ofender a tu hijo

Una noche, mientras me encontraba en mi habitación hablando por teléfono en una llamada de larga distancia, mi hijo Greg, que en ese entonces tenía cinco años, lanzó un estremecedor alarido desde el cuarto de baño. Vino corriendo a la puerta, gritando tan fuertemente que no me dejaba escuchar la voz de la persona al otro lado de la línea. Sentí como me subía la presión sanguínea mientras le hacía señas para que se callara. Muy gráficamente, le indiqué que lo castigaría si no dejaba de gritar inmediatamente. Pero Greg continuó gritando, así que finalicé rápidamente mi conversación telefónica explicándole a la persona que la llamaría más tarde.

Cuando colgué el auricular, tomé a Greg fuertemente del brazo y lo sacudí. "¿Por qué estás gritando?", le pregunté. "¿No te diste cuenta que estaba hablando por teléfono?"

Sin esperar respuesta, lo empujé para que saliera del cuarto y le dije: "Te vas a tu cuarto ahora mismo." En el apresuramiento se cayó, pero se levantó llorando aún y se dirigió rápidamente a su habitación. Tomé la regla que utilizábamos para castigarlos (toda la familia había ayudado a decorarla) y le ordené que se acostara boca abajo en su cama. Luego le di varios azotes. Me incorporé y pensé: *Eso es lo que te mereces por violar mis reglas.* Verás, se suponía que nadie debía gritar cuando yo estaba en el teléfono; yo no quería que la gente pensara que mi familia estaba fuera de control.

Luego de azotar a un niño, teníamos por costumbre abrazarlo y reafirmarle nuestro amor; pero en esa ocasión sucedió algo que me atemorizó. Greg seguía llorando. Se incorporó y la mirada de sus ojos me decía: "Te odio." Me dio la espalda para hacerme saber que no deseaba que yo lo tocara. Repentinamente me di cuenta de lo que había hecho, y supe que si no actuaba inmediatamente, lo sucedido podría traer serias consecuencias a nuestra relación. Afortunadamente, alguien me había enseñado qué hacer, y en pocos minutos, estábamos abrazándonos, nuevamente en completa camaradería y armonía.

Lo que sucedió en aquella ocasión ha salvado a nuestra familia una y otra vez de serios conflictos. El principio que voy a compartir ha sido, sin lugar a dudas, el factor más significativo para establecer y mantener la armonía en nuestro hogar.

En los Estados Unidos estamos sufriendo una sobrecogedora epidemia de relaciones rotas. No tenemos que mirar muy lejos para ver las evidencias. En algún grado, lo vemos en todas las relaciones, tanto dentro como fuera del hogar. Espero poder explicar en estas pocas páginas que siguen a continuación, lo que en mi concepto sé que tiene un efecto positivo en todas las relaciones, especialmente con los hijos.

Lo que explico a continuación proviene de la experiencia de más de veinte años de ser consejero, al igual que experiencias con mi propia familia y lo que he aprendido de los expertos en el campo de las relaciones personales. He tratado de desarrollar un sistema sencillo para explicar el principal factor que rompe la armonía dentro de un hogar, así como fuera de él. Una vez más te insto a que leas este capítulo una y otra vez, porque he descubierto que lo que aquí comparto es la llave para permanecer en armonía con *todas las personas.*

Un espíritu cerrado

El elemento más común que destruye la armonía en un hogar es lo que yo he llamado un *espíritu cerrado*.

¿Qué quiero decir con "un espíritu cerrado"? ¿Qué es lo que lo produce? Comencemos diciendo que toda persona nace con un espíritu, un alma y un cuerpo, y que estos tres están relacionados entre sí. Definiré al espíritu como el ser más profundo de una persona, algo similar a su conciencia. Es la esfera en la cual las personas pueden tener comunión unas con otras y disfrutar de la presencia mutua sin decir una palabra. Nuestras relaciones más profundas son a nivel espiritual. El *alma* incluiría nuestra mente, nuestra voluntad y nuestras emociones. El *cuerpo* es, por supuesto, nuestra constitución física. Estos tres elementos son los que forman a la persona.

El alma y el cuerpo se encuentran dentro del espíritu, algo así como vemos en el diagrama a continuación.

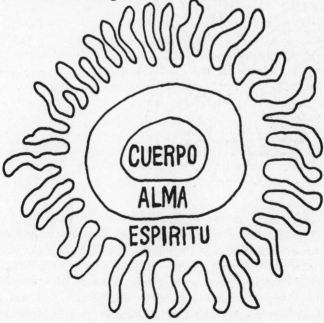

Tentáculos muy sensibles

Para ayudarnos a comprender cómo operan juntos el espíritu, el alma y el cuerpo, veamos un ejemplo de la naturaleza. Cuando era niño, me gustaba observar a las anémonas de mar en la costa de California. Cuando subía la marea era muy fácil encontrarlas en los pozos de agua que se formaban entre las rocas. Poseen entre diez y quince centímetros de diámetro y parecen coloridas flores con suaves tentáculos ondulantes. Pero yo descubrí un fenómeno interesante. Algunas veces tomaba una varita y con ella empujaba a alguna de ellas. Inmediatamente, la anémona de mar retraía sus sensibles tentáculos y se cerraba hasta convertirse en una concha. Esto es algo similar a lo que ocurre cuando una hermosa flor se cierra. Al cerrarse, la anémona de mar se encontraba protegida contra posibles agresiones.

Tentáculos que se cierran

Lo que sucede con la anémona de mar ilustra muy bien lo que le sucede a una persona cuando recibe una ofensa. Sus tentáculos se asemejan al espíritu de la persona. La anémona de mar se encuentra completamente abierta y vulnerable, pero cuando la vara la empuja, se cierra. De manera similar, cuando una persona se ofende, se cierra. Cuando el espíritu de una persona se cierra, a su tiempo también se cerrarán su alma y su cuerpo. Si el espíritu está abierto, lo mismo sucede con el alma y el cuerpo. Dicho en otras palabras, cuando dos personas tienen el espíritu abierto disfrutan conversando (alma) y de cierta comunicación a nivel físico (cuerpo). Si el espíritu se cierra, el alma y el cuerpo se cierran en la misma proporción. Una persona con el espíritu cerrado generalmente evita la comunicación.

Yo comprendí que esto era lo que le sucedía a Greg. Cuando lo empujé hacia el pasillo y le grité ásperamente, *herí su espíritu*. Cuanto mayor es la aspereza, mayor es el dolor que la persona siente en su espíritu. La aspereza, el empujón y los azotes sin averiguar qué era lo que sucedía, fueron como tres grandes varas con las cuales herí a mi hijo. Tal como la anémona de mar, Greg cerró su espíritu con cada azote. Y al cerrar su espíritu, cerró todo lo demás. En ese momento yo no le gustaba en lo más mínimo. No me quería cerca. No deseaba hablar conmigo, y resistió todos mis intentos de abrazarlo. Estas fueron las claves que me indicaron que su espíritu se estaba cerrando. Cuando un niño resiste el afecto (si tocas su mano y la encuentras fría y fláccida, o si pones tu brazo alrededor de sus hombros y te da la espalda, o si se encoge de hombros y evita la conversación), quiere decir que su espíritu se está cerrando.

Las manifestaciones de un espíritu cerrado

Cuando el espíritu de un niño se está cerrando, es posible que lo manifieste de muchas maneras diferentes. Es probable que discuta y se resista a hacer algo que tú le pides que haga. Es posible que te contradiga y que no le guste nada de lo que a ti te gusta. Tal vez se retraiga y no responda al afecto.

Si su espíritu continúa cerrado, podrá buscar amigos que son lo contrario a la clase de amigos que a ti te gusta que tenga. Puede utilizar malas palabras o lenguaje irrespetuoso. Un espíritu cerrado es una de las principales causas para que un hijo use drogas y alcohol, y también tenga relaciones sexuales antes de casarse.

En el peor de los casos, un hijo cuyo espíritu se ha cerrado completamente, huirá de su casa o se suicidará.

Todos éstos son síntomas de un espíritu cerrado. Si podemos reconocerlos y ayudar a reabrir el espíritu de nuestro hijo o hija, estos síntomas desaparecerán durante el proceso.

Durante mis años de consejero, me he dado cuenta de que este principio es la clave para la mayoría de las relaciones. Cuando un hombre no puede soportar a su jefe, se debe principalmente a que su espíritu ha recibido un "empujón" u otro tipo de herida. Por lo tanto, el empleado generalmente evita a su jefe, resistiéndolo silenciosamente y estando en desacuerdo con él. He observado que sucede lo mismo con los atletas profesionales. Se sienten ofendidos por los dirigentes o los entrenadores y, en forma repentina, anuncian que desean un traslado. Aunque en algún momento tenían mucho entusiasmo de pertenecer a un equipo, ahora desean estar lejos de él.

Lo mismo ocurre en el noviazgo. Cuando una joven conoce a un muchacho, generalmente su espíritu está ampliamente abierto hacia él. Le gusta y desea conversar con él. Le agrada participar en actividades con él, y responde con cariño cuando la abraza. Luego, algo sucede y súbitamente ella comienza a cerrarse. Guarda sus emociones más cuidadosamente y no expresa tan libremente su afecto. De alguna manera, su novio ha estado cerrando su espíritu, generalmente sin saberlo.

Sucede a menudo en el matrimonio. Durante años, yo hice muchas cosas pequeñas que cerraron el espíritu de Norma. Me gustaba hacer bromas a costa de ella delante de mis amigos o de las congregaciones a las que predicaba. Yo decía cosas tales como ésta: "Mi esposa me trata como a un dios. Todas las mañanas me sirve ofrendas quemadas." O también: "Estar casado con Norma es como estar casado con un ángel. Todos los días anda por los aires tocando el arpa y nunca tenemos algo terrenal con qué vestirnos." Yo me reía y los demás se reían, pero Norma no se reía. Cuando intentaba expresar su dolor, yo le respondía: "¡Vamos! ¿No tienes sentido del humor?"

Lo que yo no me daba cuenta era que mis bromas, comentarios sarcásticos, y mis acciones insensibles estaban cerrando su espíritu cada vez más. Luego de varios años de matrimonio, el espíritu de Norma se había cerrado en gran parte hacia mí. Pero yo no lo sabía. Solamente veía los resultados externos, como cuando llegaba a casa del trabajo y ella no me saludaba. Yo decía: "Hola, mi amor, ya llegué", y no recibía respuesta. Entonces preguntaba: "¿Pasó algo malo?", y ella me respondía: "No." Gradualmente comencé a darme cuenta de que "No", en realidad quería decir "Sí". Necesitaba descubrir cómo había cerrado su espíritu, e inmediatamente comenzar a dar los pasos necesarios para reabrirlo.

En el transcurso de mis seminarios, para demostrar cuán sensible es el espíritu, muchas veces le pido a un hombre que pase adelante, que cierre los ojos y extienda una mano con la palma hacia arriba. Primeramente coloco en su mano una piedra de gran tamaño y le pido que identifique el objeto. Generalmente identifica correctamente que es una piedra. Luego, reemplazo la piedra por un guijarro. Generalmente no puede identificarlo sin palparlo durante algunos instantes. La mayoría de los hombres, cuando le dice algo ofensivo a su esposa piensa que solamente está arrojando un guijarro a su espíritu, pero ella lo siente como una gran roca.

Lo mismo sucede en todas las relaciones, especialmente entre padres e hijos. Esto es particularmente peligroso en el caso de los niños pequeños, quienes necesitan muchas caricias y abrazos. Si un padre es áspero con su hija de tal manera que la ofende, ella comenzará a cerrar su espíritu. Pero ella sigue teniendo necesidad de contacto físico, y como no acepta que mamá o papá la toquen, buscará satisfacer su necesidad en otra parte.

Algún muchacho puede captar rápidamente la necesidad que esta joven tiene de afecto y aprovecharse de ella. Es probable que al principio se resista, no deseando comprometer sus principios, pero su resistencia cederá ante la persistencia del muchacho. Como ha cerrado su espíritu a sus padres y no puede soportar más rechazo, ella tendrá la tendencia de ceder a las demandas del muchacho. Si, por el contrario, su relación con su mamá y su papá es sólida, su espíritu está abierto y ha existido una saludable cuota de afecto y de expresiones de cariño entre ellos, es mucho más probable que la joven mantenga sus principios morales.

Los varones tienen una necesidad de afecto similar. Sin embargo, algunos padres no abrazan a sus hijos varones porque piensan que no es masculino. Y algunos han cerrado el espíritu de sus hijos de tal manera que éstos rechazan toda clase de afecto. Se ha determinado que esta falta de afecto puede hacer que los muchachos busquen el cariño en otros caminos e inclusive conducirlos a relaciones homosexuales. El doctor Ross Campbell, siquiatra especializado en niños, dice que en todo lo que ha leído y en su experiencia personal, nunca ha conocido a una persona desorientada sexualmente que haya tenido un padre amoroso que le haya demostrado afecto.

Si, por otra parte, un padre es frío y ofensivo, el hijo puede cerrar su espíritu y adoptar un comportamiento rebelde y antisocial.

Afortunadamente, durante los primeros años, el espíritu de un hijo es dócil. Cuando se le ofende, está dispuesto y deseoso de retornar a la armonía. Pero si no nos damos cuenta cuándo se está cerrando el espíritu de un niño, podemos cosechar resultados desastrosos.

Los niños también pueden cerrarse el espíritu entre sí. Una vez, Michael, nuestro hijo menor, explotó en ira contra Greg al punto que estaba listo para comenzar a golpearlo. Cuando yo intervine, me enteré de que Greg había tratado ásperamente a Mike, pero éste estaba respondiendo con mucha más vehemencia de lo normal. Entonces me di cuenta de que había algo más en esa situación.

Cuando estuve a solas con Michael, comencé a jugar el juego de las "veinte preguntas" tratando de descubrir qué era lo que había cerrado su espíritu. Le pregunté: "¿Te hirió tu hermana?" "¿Te herí yo?" "¿O mamá?" Finalmente, cuando le pregunté si algo le había sucedido en la escuela, bajó la cabeza y comenzó a llorar. A esa altura, Michael no quiso decirme nada. Muchas veces, los niños dicen que no desean hablar, pero en realidad sí lo desean. Generalmente se abren cuando *amablemente* sondeamos para descubrir su problema.

Michael comenzó a contarme que su mejor amigo en la escuela había escogido un nuevo amigo, y ambos se habían vuelto en contra de él. Me dolía el corazón verlo llorar y deseaba abrazarlo, pero él todavía no estaba listo. Esto me indicó que aún existía otro problema. Luego Michael me confió que Greg y su amigo que vivía frente a nuestra casa no quisieron jugar con él. El vecino le estaba quitando a su hermano. Se repetía lo que le había sucedido en la escuela.

Le dije que me sentía muy triste por lo ocurrido y que quería abrazarlo. Se lanzó a mis brazos y me abrazó, llorando al sentir el terrible dolor del rechazo. Más tarde, nos reunimos con Greg, y Michael le explicó cómo se había sentido con respecto a lo sucedido con el vecino. Ahora los tres juntos nos encontrábamos en condiciones de resolver el problema dando los pasos necesarios para reabrir el espíritu de Michael.

Si yo no hubiera interpretado que el espíritu de Michael se estaba cerrando hacia Greg y hacia su amigo de la escuela, podría haber empeorado las cosas diciendo: "Michael, compórtate. Ya eres un niño grande y estoy cansado de verte pelear con Greg." Eso hubiera cerrado su espíritu mucho más, especialmente hacia mí. La aspereza y la exigencia son como grandes varas que hieren el espíritu de una persona haciendo que éste se cierre.

En un hogar normal, es prácticamente imposible no ofenderse los unos a los otros. Casi todos los días suceden cosas que ofenden a alguien. *Sin embargo, es posible permanecer en armonía siempre y cuando resolvamos cada ofensa.* Una ofensa sumada a otra ofensa, sumada a otra más, puede levantar una pared que cierre totalmente el espíritu de una persona. Es mucho más fácil reabrir el espíritu de un hijo cuando se ha cerrado ligeramente a causa de una ofensa o de varias ofensas pequeñas; pero también es posible reabrir el espíritu de un niño aun en las peores situaciones.

Cómo reabrir el espíritu de un hijo

Sin lugar a dudas, existen muchas formas de ayudar a abrir el espíritu de una persona que se ha cerrado hacia nosotros. Mencionaré cinco maneras que han sido las más efectivas en nuestra familia y en mi tarea de asesoramiento. Las desarrollaré en un orden en particular porque he observado que de esta manera son de mayor ayuda. Sin embargo, tú puedes descubrir que te resulta más efectivo cambiar el orden o añadir nuevos puntos a la lista.

Utilicé cada uno de estos cinco pasos luego de castigar a Greg por gritar mientras yo estaba hablando por teléfono. Luego de aplicarlos, vi cómo su espíritu se volvía a abrir en cuestión de minutos. He aquí la secuencia:

Cuando comprendí que el espíritu de Greg se estaba cerrando hacia mí, me arrodillé a su lado y mi actitud se tornó *tierna y suave.* Con cariño, le pregunté: —Greg, *¿por qué* estabas gritando en el baño?

Con la voz temblorosa mientras luchaba por reprimir las lágrimas, me dijo: —Me caí y me golpeé la oreja contra la bañera.

Me mostró la oreja que estaba hinchada y sangrando. Cuando vi lo que había sucedido, me sentí terriblemente mal. Suavemente le dije: —Greg, yo *estuve mal* al tratarte de esa manera. Papá es quien merece unos azotes.

Greg se enjugó las lágrimas y añadió: —Luego, cuando me empujaste hacia el pasillo, me golpeé de nuevo la oreja contra el cajón de juguetes.

A esta altura, me sentía como alguien que maltrata a menores. Era un padre irresponsable y lo reconocía. —Greg, papá se equivocó —le dije alcanzándole la regla de castigar—. Yo soy el que merece los azotes.

El tomó la vara y la dejó caer. Nuevamente me dio la espalda, no deseando tener nada que ver conmigo. Yo deseaba acercarme y abrazarlo, pero su espíritu estaba cerrado hacia mí.

Finalmente, con ternura, dije una vez más: —Greg, me equivoqué. Sé que no lo merezco, pero me pregunto si en tu corazón podrás encontrar perdón para mí.

Inmediatamente me echó los brazos al cuello. Nos recostamos sobre la cama y él permaneció abrazado fuertemente a mí por una media hora. Después de algunos momentos, miré su oreja nuevamente y le pregunté: —¿Estás seguro de que estamos bien nuevamente?

Entonces palmeándome la espalda me respondió: —Sí, papá, te perdono. Todos nos equivocamos.

A juzgar por el tono de su voz y por la manera en la que me tocaba, supe que su espíritu se estaba abriendo nuevamente.

A algunos niños puede costarles un poco más volver a abrir su espíritu, de acuerdo a las circunstancias, pero sin lugar a dudas, vale la pena invertir el tiempo que sea necesario.

Volvamos hacia atrás ahora, y examinemos más cuidadosamente los cinco pasos para reabrir el espíritu cerrado de una persona.

Cinco pasos para reabrir el espíritu de un hijo

1. Ser tiernos

El primer paso que tuve que dar para abrir el espíritu de Greg fue *reflejar ternura y suavidad*. La amabilidad tiene la cualidad de hacer desaparecer el enojo.

Cuando intentamos abrir el espíritu de alguien, el lenguaje de nuestro cuerpo, nuestros músculos, nuestras expresiones faciales y nuestro tono de voz deben tornarse suaves, amables y tiernos. Si hacemos esto, le estamos comunicando varias cosas al individuo a quien hemos ofendido.

Le estamos diciendo:

(a) Que es valioso e importante. Expresamos sin palabras esta importancia. Nos acercamos lentamente hacia él, tal vez con la cabeza inclinada demostrando claramente que lamentamos haberlo herido.

(b) Que no deseamos que su espíritu se cierre; que nos preocupamos por él.

(c) Que sabemos que algo anda mal. Mediante nuestra suavidad reconocemos que lo hemos ofendido y manifestamos que haremos todo lo posible para corregir lo sucedido.

(d) Que estamos abiertos a escuchar. Que puede compartir lo sucedido con la confianza de que no nos enojaremos o lo heriremos nuevamente.

En una oportunidad, me encontraba aconsejando a un jugador profesional de fútbol y a su esposa. Ella compartió cuán profundamente ofendida se había sentido por algunas cosas que su esposo había dicho y hecho. El dijo que no entendía por qué le molestaban tanto las cosas que él hacía. Pude ver que ella estaba dolorida y que su espíritu se estaba cerrando hacia él, por lo tanto, le pregunté al esposo si deseaba abrir el espíritu de su esposa. El accedió a intentarlo.

—Quiero que en este mismo momento te tornes muy tierno y rodees a tu esposa con tu brazo —le dije—. Pretende que tu cuerpo se ha convertido en helado derretido. Amablemente dile que sabes que la has herido y que quieres resolver esta situación.

El comenzó a hacer lo que yo le había dicho, poniendo su brazo alrededor de su esposa, y ella le dijo: —No es verdad lo que me dices.

En lugar de comprender cuán herida estaba ella, ese esposo reaccionó con estas palabras: —Claro que es verdad lo que te digo.

Este atleta estaba escuchando las palabras de su esposa en lugar de prestar atención al tono de su voz que le decía cuán cerrado estaba su espíritu. Su enojo y dureza lo único que consiguieron fue cerrar todavía más el espíritu de ella.

Le sugerí que me permitiera demostrarle en la práctica lo que quería decir. Inmediatamente, con un tono de voz suave y amable, estiré la mano a través del escritorio, y palmeando la mano de esta mujer le dije: —Estás verdaderamente herida, ¿no es cierto? Y yo sé que las cosas que he hecho te han afectado profundamente.

Ante mi suavidad, los músculos de su rostro comenzaron a relajarse. Inclinó ligeramente la cabeza y sus ojos comenzaron a llenarse de lágrimas. Ambos nos sorprendimos de la rapidez con que ella estaba dispuesta a abrir su espíritu.

Y esto es lo mismo que sucede con nuestros hijos. La ternura hace desaparecer el enojo y comienza a abrir sus espíritus.

2. Aumentar la comprensión

El segundo paso para abrir el espíritu de una persona es *aumentar nuestra comprensión del dolor que siente y de cómo ha interpretado nuestra ofensa.* Cuando le pregunté a Greg por qué lloraba y él me dijo que se había golpeado contra la tina del baño, mi comprensión de su dolor aumentó inmediatamente. Yo ya me había suavizado, pero mi espíritu se suavizó más aún cuando comprendí cabalmente lo sucedido y pude palpar sus sentimientos heridos. Si yo me hubiera caído sobre la tina del baño, probablemente también hubiera gritado, fueran cual fueran las reglas. Muchas veces, simplemente estos dos factores (ser *tiernos* y *comprender* el dolor de la otra persona) reabren su espíritu.

Los hijos de algunos hogares, muchas veces sueñan con el día en que alguien comprenda cómo se sienten y cuánto sufren. En el caso de padres separados o de familias que se unen mediante un segundo casamiento, un niño puede sentirse profundamente ofendido con el padre ausente o con los nuevos miembros de la familia. Muchas veces, un niño se culpa a sí mismo por el divorcio de sus padres. Es probable que no le diga nada ni al padre ni a la madre, pero comienza a expresar los síntomas de un espíritu cerrado. Se torna peleador y evita a sus padres, inclusive al punto de no permitirles que lo toquen. El padre puede comenzar a resolver este problema actuando con ternura y aumentando la comprensión del dolor del niño.

Una de las mejores maneras de acrecentar la comprensión del dolor de un niño es mediante el uso de metáforas. Estas nos ayudan a sentir el dolor de un hijo tan vívidamente, que algunos conflictos se resuelven en segundos.

Un muchachito, a quien su padre criticaba constantemente, le dijo: "Algunas veces me siento como un pájaro en el nido. Cuando tú llegas volando, yo debería sentirme animado al verte, sabiendo que traerás algo de comida y aliento para mí, pero en cambio sacudes las ramas que sostienen el nido y luego te alejas volando. Lo que pienso en esos momentos es: 'Un momento. El está tratando de destruir el nido y todavía yo no estoy listo para volar.' Cuando te veo venir siento mucha inseguridad porque siempre me criticas, me denigras y es como si estuvieras arrancando las ramitas que forman mi nido." Cuando ese padre escuchó la metáfora, comprendió la inseguridad y el dolor de su hijo. La metáfora lo ayudó a criticar menos a su hijo.

Como padres, podemos pedirles a nuestros hijos que nos ayuden a comprender sus sentimientos formulándoles preguntas tales como: "Si tú fueras un conejo, ¿qué te sucedería en este momento a causa de lo que yo hice?" O: "Si fueras un pedazo de tela, ¿cómo te verías?" O: "Dime qué color describe cómo te sientes en este momento." Generalmente, si los alentamos y les damos tiempo, los niños pueden decirnos exactamente cómo se sienten. Si mi hija me dice que el color que representa sus sentimientos es el azul, yo debería preguntarle si es azul oscuro o azul claro, y si no hay ninguna mancha de color alegre. Un niño cuyo padre viajaba mucho, le dijo: "Papá, la manera en la que me tratas últimamente me ha hecho sentir como un paño para lavar los platos sobre el cual el grifo ha estado goteando por dos meses. Nadie se ha dado cuenta de que está allí, por lo tanto se encuentra abandonado y lleno de moho." Cualquier padre podría sentir el dolor del enmohecimiento.

También podemos ayudar a que nuestros hijos expresen sus sentimientos refiriéndonos a experiencias anteriores. Podemos ayudarles diciendo: "¿Recuerdas aquella ocasión en la que tu amigo te rechazó y no quiso que jugaras con él? ¿Yo te hago sentir así?" O: "¿Te acuerdas cómo te sentiste en la escuela cuando obtuviste esa mala calificación, cuando en realidad habías estudiado con ahínco para obtener un 10? ¿Recuerdas cómo tus compañeros se burlaron de ti y te hicieron sentir muy molesto? ¿Te sentiste así hoy cuando te llamé la atención delante de tus amigos?"

Las metáforas que comparan a las emociones con algo conocido son tan importantes en la comunicación, que hablaremos más acerca de su uso en otro capítulo. Es muy importante que tus hijos sepan que realmente comprendes cómo se sienten cuando los has ofendido. Si tu hijo se rehúsa a hablar, es probable que se necesite un período de "enfriamiento". Luego de algunos minutos, puedes continuar amablemente sondeando para descubrir su nivel de dolor. Dale tiempo a tu hijo para que comprenda su propio dolor emocional.

3. Reconocer la ofensa

El tercer paso para abrir el espíritu de una persona es *admitir que nos equivocamos*, porque lo que hicimos la ofendió. Podría ser que lo que hicimos no estaba mal, pero *la manera* en la que lo hicimos, es decir, nuestra actitud, sí estaba mal. Por ejemplo, yo puedo castigar a mi hijo con un motivo justificado, pero si lo castigo con ira, necesito admitir que mi actitud estuvo equivocada.

Inclusive el mundo reconoce la importancia de la confesión y la admisión de la culpa. Cuando unos aviones de guerra soviéticos derribaron a un 747 coreano, matando a más de 250 pasajeros, el mundo se conmovió. Inmediatamente, un grupo de países del mundo libre exigió que Rusia admitiera su equivocación y se disculpara. Los comentaristas de los noticieros enfatizaban un caso anterior cuando Israel derribó a un avión de pasajeros de Libia, y de qué manera se habían disculpado ante el mundo y habían pagado una indemnización a los familiares de las víctimas. Pero cuando los soviéticos no quisieron admitir que se habían equivocado y no indemnizaron a nadie, el mundo libre se enojó aún más contra ellos.

Los niños tienden a estar más preocupados por sus propias necesidades y deseos que por el bienestar de los demás. Ese egocentrismo aumenta la posibilidad de que se sientan ofendidos. En la medida en que van madurando, descubren que las personas no los ofenden tanto, porque comienzan a comprender mejor a los demás.

Como padres, debemos ser lo suficientemente sabios como para saber cuál es el nivel de madurez de nuestro hijo, de tal manera que no cerremos su espíritu innecesariamente. Si ofendemos a nuestro hijo porque es inmaduro, debemos decirle: "Me equivoqué al tratarte de esa manera." No es necesario que añadamos: "Te has sentido herido porque eres inmaduro." Lo único que conseguiríamos sería ofenderlo más aún.

Para muchos padres, una de las cosas que les resulta más

difícil es reconocer que se han equivocado. Esto les resulta especialmente difícil a los hombres. A mí no me gusta descubrir que me he equivocado, y no siempre me resulta fácil admitirlo. Pero debo recordar que una actitud dura es extremadamente dañina para los hijos.

Cuando un niño escucha que su padre admite que le ha ofendido y ve que éste comprende sus sentimientos, se siente importante. Se da cuenta de que es una persona valiosa. Algunas veces, esto es todo lo que se necesita para reabrir el espíritu de un niño. Pero debemos tener cuidado, porque existen dos factores más que son importantes para asegurarnos que el espíritu ha vuelto a abrirse.

4. Intentar el contacto físico

El cuarto factor es *tratar de tocar a la persona ofendida*. Existen varias razones por las cuales debemos establecer contacto físico con un niño cuando se ha sentido ofendido. En primer lugar, él necesita que lo abracemos. Si él se acerca y responde a nuestro abrazo, entonces sabemos que su espíritu se está abriendo o que se ha abierto completamente. Este es un momento muy importante para que lo sostengamos tiernamente en nuestros brazos durante algunos instantes. El contacto físico le permite saber que nos preocupamos, que lo amamos y que es muy importante.

En segundo lugar, este contacto físico nos permite determinar si el espíritu de nuestro hijo no se está abriendo. Probablemente, la ofensa fue más profunda de lo que nosotros imaginamos. O tal vez ha recibido una ofensa de alguien fuera de la familia, como el caso de Mike con su amigo de la escuela, y tiene un resentimiento general hacia todos los que lo rodean. Si yo, con ternura y comprensión, he admitido que me equivoqué y al acercarme a tocar a mi hijo éste se escabulle o se hace a un lado, tengo un indicativo de que mi hijo aún no está listo para abrir su espíritu. Es probable que él necesite más tiempo o que yo deba demostrar una comprensión mayor de la ofensa.

Cuando los padres no están acostumbrados a abrazar a sus hijos, como en el caso de mis padres que eran reacios al contacto físico entre sí y con sus seis hijos, es probable que deban explicarles a sus hijos por qué han comenzado a intentar el contacto físico. Un niño que nunca ha sido abrazado tal vez se sienta inseguro para permitir que lo toquen, aunque su espíritu esté abierto. Es probable que dicho niño necesite un ajuste gradual.

Obviamente, la falta de contacto físico no siempre significa que hayamos cerrado el espíritu de nuestro hijo. Los hijos atraviesan etapas en las cuales pueden evadir el contacto físico, por ejemplo durante la pubertad. Sin embargo, si un padre se mantiene en armonía con su hijo, generalmente podrá detectar si está ofendido o si simplemente está atravesando por alguna de estas etapas.

Pueden existir otras razones por las cuales nuestro hijo se resista al contacto físico. Un verano, nuestra familia fue a pescar a las montañas de Colorado. Yo ofendí a Kari siendo muy áspero con ella. Se había lastimado la rodilla y yo trataba de que caminara rápidamente para poder volver a mi pesca. A mitad de camino, me di cuenta de que había herido su espíritu y que ella era mucho más importante que la pesca. Entonces me detuve, la tomé en mis brazos y le dije que sabía que la había ofendido y que me había equivocado. Ella se alejó de mi regazo y me preguntó: "Papá, ¿te pusiste desodorante hoy?"

5. Buscar el perdón

El último paso para abrir el espíritu de una persona es *buscar el perdón de quien hemos ofendido*. Cuando hemos ofendido a alguien, debemos darle la oportunidad de responder. En mi parecer, lo mejor que podemos decir es algo así como: "¿Puedes encontrar en tu corazón el perdón para mí?" Fue entonces cuando supe que había vuelto a abrir el espíritu de Greg, porque cuando le pedí perdón, corrió hacia mis brazos. A esta altura podemos decir que *la verdadera restauración es confesión de la culpa más la concesión del perdón*.

Razones por las cuales alguien puede rehusarse a perdonar

Si hemos seguido estos cinco pasos y el niño se rehúsa a perdonarnos, existen varias razones por las cuales esto puede ocurrir.

Tal vez, la ofensa fue más profunda de lo que pensamos. O puede haber recibido una ofensa de alguien de afuera de la familia creándole un resentimiento general hacia todos los que lo rodean. Probablemente nosotros apresuramos los acontecimientos y el niño no ha tenido bastante tiempo para pensar en lo que ha sucedido. El puede pensar que el padre no puede comprender la medida en la que ha sido herido, y que el simple hecho de pedir perdón no borra todo. O probablemente, el niño también desee ver un verdadero cambio en el comportamiento del padre.

Cualquiera que sea la razón, he descubierto que lo mejor es comenzar todo el proceso de nuevo. Ten paciencia, no te apresures. Comienza desde el número uno y demuestra ternura y suavidad. Prosigue por el número dos y aumenta tu comprensión. Podemos decir algo así como: "Tal vez no me doy perfecta cuenta de cuán herido te sientes." Repite nuevamente que te equivocaste. "No merezco que me perdones por la manera como te traté, pero deseo que lo hagas. Quiero que sepas que te amo y que me equivoqué." A esta altura, acércate y coloca tu mano en su brazo para ver si se ha suavizado. Si no lo ha hecho, dale algo de tiempo, pero persevera. Y finalmente, pídele perdón una vez más.

Un error que cometen muchos padres es darse por vencidos. "Bueno, si él no me perdona, es problema suyo. Yo ya hice mi parte." Con esta actitud, es probable que el problema nunca se resuelva. Es preferible no decir nada por el momento, dejar pasar unos minutos o algunas horas para que los ánimos se enfríen, y luego volver a comenzar con los cinco pasos.

Quiero decirte que como padres podemos detectar un espíritu cerrado de otra manera. He descubierto que si observamos cuidadosamente las expresiones no verbales, podemos enriquecer nuestra comprensión de lo que le está sucediendo al niño.

Observar el tono de voz y las expresiones faciales para reconocer un espíritu cerrado

Luego de un seminario, una mujer me dijo: "Odio a mi esposo. Lo odio tanto que ni siquiera puedo hablar acerca de él. Nunca volveré a vivir con él." Sin embargo, cuatro meses más tarde, aquella misma mujer estaba nuevamente con su esposo viviendo en armonía. Un esposo dijo acerca de su esposa: "Odio tanto a esa mujer que ni siquiera puedo mirarla." En pocas horas, ese mismo hombre se encontraba recobrando sus sentimientos de amor hacia su esposa.

Algunas veces, lleva varios meses, pero encuentro que es posible recobrar la armonía. La esperanza que yo tengo con respecto a las familias y a las parejas aumenta cada día, porque sé que palabras superficiales como: "Te odio, nunca volveré a vivir contigo, siempre te odiaré", son el reflejo de un espíritu cerrado.

Un hijo puede decirles a sus padres: "Los odio. No soporto más. Estoy harto de esta familia. Ya he tenido suficiente y no quiero hablar más del asunto. Ni siquiera deseo estar aquí." He descubierto que cuando la gente espeta estas palabras, lo que realmente quiere decir es que desea hablar acerca del problema. A las personas les gustaría resolver el problema, pero quisieran hacerlo de una determinada manera. Debemos escuchar de qué manera lo dicen, y con qué intensidad. Aprendamos a observar sus expresiones faciales y a escuchar el tono de su voz, en lugar de limitarnos a escuchar las palabras que utilizan.

Imagina por un momento una escala de cero a diez, en la cual el cero indica un espíritu totalmente abierto y el diez un espíritu totalmente cerrado. Si luego de ofender a mi hija, intento tomarla de la mano y ella se retrae y me dice: "Papá, siempre haces lo mismo y ya no puedo soportarlo más", existe la posibilidad de que haya cerrado su espíritu en un tres. No es muy grave, pero sin embargo, es muy importante que lo vuelva a abrir. Si me acerco a tocarla y ella se aparta violentamente y me dice: "Papá, déjame sola. Siempre me haces lo mismo y siento deseos de irme de esta casa", es probable que su espíritu esté cerrado en un cinco.

Pero supongamos que llamo a la puerta de su habitación y ella pregunta: —¿Quién es? —con un tono de voz muy hostil, y cuando yo abro la puerta ella me dice—: Vete de aquí —mientras toma un florero y me lo arroja.

Yo lo esquivo a tiempo y le digo: —Bueno, sé que me equivoqué....

Pero ella grita: —Me voy a ir de esta casa. Odio vivir aquí.

Estas palabras y acciones me dicen que su espíritu está cerrado en un ocho o un nueve. Generalmente, cuanto más violenta y hostil sea la reacción, más se ha cerrado el espíritu. La hostilidad puede dar lugar a la apatía o a la indiferencia indicando que "mi espíritu está fuertemente cerrado, no intentes reabrirlo". Pero cuando nos damos cuenta de que las palabras no necesariamente reflejan lo que la persona siente, podemos continuar intentando, con suavidad y ternura, abrir el espíritu de la otra persona.

La mejor manera que conozco de tratar con estas palabras superficiales, es ser tiernos y comprensivos, y admitir que nos hemos equivocado. Luego debemos perseverar hasta que podamos llegar al contacto físico y a procurar el perdón. Esto es lo que ellos realmente desean. Pero puede llevar tiempo.

He descubierto que las ofensas que han tenido lugar muchos años atrás también pueden resolverse de la misma manera. Un hijo puede recordar la herida que recibió de sus padres muchos años atrás. Y si un padre realmente desea asegurarse de que el espíritu de su hijo está totalmente abierto hacia él, es apropiado volver al pasado y sacar a luz esas ofensas *siempre y cuando dichas ofensas se resuelvan una vez que salen a la luz.*

Cómo un niño o un adulto puede reabrir su propio espíritu

Parecería que si los padres no están dispuestos a abrir el espíritu cerrado de su hijo, este niño estaría destinado a la rebelión. Pero existen varias cosas que un niño o cualquier persona puede hacer para abrir su propio espíritu.

Esta verdad simple pero profunda, se enseña en una oración que se repite millones de veces por año: el Padrenuestro. Yo leí esta oración por años, pero no captaba su verdadero significado. En ella se nos dice que para que Dios nos perdone nuestras ofensas, nosotros debemos perdonar a los que nos ofenden. Pero si nos rehusamos a perdonar a aquellos que nos ofenden, entonces Dios no nos perdonará.

La palabra perdonar proviene de un vocablo griego que significa "liberar" o "dejar en libertad". Significa desatar las cadenas que atan a una persona. Por lo tanto, cuando liberamos a aquellos que nos han ofendido, Dios nos desata a nosotros, abriendo nuestro espíritu. Sin embargo, él no puede reabrir nuestro espíritu si nos rehusamos a ayudar a aquellos que nos han herido.

Corrie ten Boom ayudó a muchos judíos a librarse de los campos de concentración alemanes de la Segunda Guerra Mundial. Ella me contó una historia que ilustra lo que Jesús quiso decir con esta oración. Un tiempo después de haber salido de un campo de concentración, la invitaron a hablar en una iglesia en Alemania. Cuando la multitud salía de la iglesia, luego del servicio, vio a un hombre abriéndose paso entre la gente. Con horror, lo reconoció. El había sido un guardia, uno de los más crueles, del campo de concentración en el que ella y su hermana habían estado. Había sido uno de los principales instrumentos en causar la muerte de su hermana, Betsie. Casi sentía náuseas al pensar en él. Años atrás, su espíritu había estado cerrado hacia ese guardia. El le extendió su mano y le dijo: "Corrie ten Boom, ahora soy creyente y sé que Dios me ha perdonado por las crueldades que cometí, pero he venido para pedirle a usted que me perdone." Corrie me contó que sentía los brazos congelados a ambos lados de su cuerpo. No podía moverlos.

Me dijo que fue lo más difícil que tuvo que hacer en su vida, pero extendió la mano y aceptó la de ese hombre y le dijo que lo perdonaba. En aquel momento, el veneno y el odio se evaporaron. "Fue el amor de Dios fluyendo de mí hacia él", me dijo. "En verdad lo dejé en libertad por lo que me había hecho. Y en la medida en que lo hice, ¡yo fui libre!"

Como padres, podemos enseñarles este principio a nuestros hijos. En primer lugar, un niño puede comenzar a darse cuenta de que *la persona que lo ha ofendido tiene sus propios problemas.* Todas las personas que nos ofenden tienen sus propias dificultades y sus propias necesidades insatisfechas. Es probable que tengan muy poca autoestima. Es probable que se sientan rechazadas, o que tengan sentimientos de culpa o resentimientos hacia alguien. Cuando comenzamos a darnos cuenta de esto, comenzamos a tener libertad en nuestro corazón, y entonces nuestro espíritu puede comenzar a abrirse hacia esa persona.

En segundo lugar, *podemos comprometernos a orar por alguien que nos ha ofendido.* Cuando nuestros hijos eran pequeños, vivíamos en el área de la ciudad de Chicago. Cuando pasábamos por las garitas de peaje de las autopistas, algunas veces nuestros hijos les alcanzaban el dinero a los empleados. Se estiraban por encima de mi hombro para hacerlo, pero más de una vez las monedas se caían y yo tenía que abrir la puerta del automóvil para recogerlas. Algunos de los empleados se irritaban mucho. Cuando continuábamos nuestro viaje, los niños generalmente hacían algún comentario acerca del enojo de esa persona. "¿Saben por qué se enojó tanto con nosotros?", yo les preguntaba. "Es porque tiene un 'hueco' en su corazón. Esa es su forma de decir: 'Por favor, ¿alguien podría comprenderme?'" Algunas veces orábamos por estas personas, lo cual les ayudaba a los niños a darse cuenta de que no debían tomar el enojo de los demás como algo personal.

El mayor problema es que la gente toma las ofensas como algo personal. Generalmente las personas ofenden a los demás porque tienen sus propios problemas. Tal vez no han dormido lo suficiente, o han tenido un mal día, o alguien en su hogar o en el trabajo los ha rechazado. Existen múltiples razones por las cuales una persona puede ofender a otra, y cuánto antes nos demos cuenta de esto, menos probabilidades tendremos de sentirnos ofendidos y de cerrar nuestro espíritu. Sin embargo, si se cierra, podemos comenzar a abrirlo entendiendo que quien nos ha ofendido tiene problemas. Aun cuando nunca tengamos la posibilidad de ayudar a quien nos ha ofendido, muchas veces el simple deseo de ayudar es suficiente para que Dios abra nuestro espíritu y limpie nuestro corazón de resentimientos.

¿Cuán abierto está el espíritu de tu hijo?

Toma el siguiente examen para ver cuán abierto está el espíritu de tu hijo hacia ti. Debes tomar este examen para cada uno de tus hijos. Esta es una evaluación sencilla y general que puede ayudarle a un padre a detectar si el espíritu de su hijo se está cerrando o no. Asígnale a cada pregunta un número del uno al cinco. 1 = nunca; 2 = raramente; 3 = algunas veces; 4 = generalmente; 5 = siempre.

1. ¿A mi hijo (de dos años en adelante) le gusta abrazarme?
   _____

2. ¿Mi hijo procura el contacto físico espontáneamente cuando lo veo por primera vez luego de la escuela o cuando llega a casa? _____

3. ¿Respeta mi hijo las mismas cosas que yo en la vida?
   _____

4. ¿Aprecia generalmente lo que yo valoro en la vida, como por ejemplo la Biblia, mi profesión, etc.? _____

5. Los amigos de mi hijo, ¿son los mismos que yo elegiría para él? _____

6. ¿Usa ropas o peinados que yo apruebo? _____
7. ¿Elige las actividades que yo elegiría para él? _____
8. ¿Refleja la música que escucha lo que apruebo? _____
9. ¿Le gusta conversar conmigo? _____
10. ¿Concuerda generalmente con mis opiniones? _____
11. ¿Le gusta acompañarme cuando salgo? _____
12. ¿Me obedece? _____
13. ¿Refleja generalmente un afecto cálido hacia mí? _____
14. ¿Disfruta naturalmente de mirarme a los ojos? _____

Total de puntos_____

Este total puede indicar:
14-20: Peligro, debes resolver el problema inmediatamente.
21-30: Precaución, todavía en la zona de peligro.
31-40: Estás saliendo de la zona de peligro.
41-50: El terreno tiene hoyos, pero no hay peligro.
51-70: Fin de la construcción. Continúa con cuidado.

Si te parece que uno o más de tus hijos están cerrando su espíritu hacia ti, o ya lo han cerrado completamente, una manera efectiva de comenzar a reabrirlo es llevarlos a comer afuera o a pasar un fin de semana juntos. Durante ese tiempo, hazle saber que estás tratando de tener una buena relación con él. Luego menciona algún incidente en particular que pienses que le ha ofendido y pregúntale si fue así. Si te contesta que no, puedes preguntarle: "Si eso no te ofendió, ¿qué cosas piensas que yo he hecho en el pasado que realmente te han herido?" Prepárate para escuchar algo que no esperabas. En la medida en que las ofensas del pasado salgan a la superficie, simplemente sigue los mismos pasos de los que hablamos para una ofensa inmediata: ser tierno, comprensivo, admitir que te has equivocado, tratar de establecer un contacto físico y procurar el perdón.

84 maneras en las que puedes ofender a tu hijo

Al tratar de descubrir las posibles maneras en las que has ofendido a tu hijo, es probable que necesites ayuda. En mi tarea de asesoramiento y de trabajo con hijos en todo el país, les he preguntado a muchos de ellos de qué manera sus padres los habían ofendido. Tomé nota de sus respuestas y las recopilé. He aquí lo que respondieron los hijos:

1. Mis padres no demuestran interés por las cosas que para mí son especiales.
2. No cumplen sus promesas.
3. Me critican injustamente.
4. Le permiten a mi hermano o hermana que me denigre.
5. No comprende mis motivaciones.
6. Hablan sin pensar en lo que dicen.
7. Me castigan por cosas por las cuales ya me habían castigado.
8. Me dicen que no les importan mis opiniones.
9. Me hacen sentir que ellos nunca cometen errores.
10. Me señalan mis debilidades o fallas sin ternura alguna.
11. Me sermonean en momentos en que lo único que necesito es apoyo.
12. Nunca me dicen "te amo". Nunca me demuestran afecto por medio del contacto físico.
13. No dedican tiempo para estar a solas conmigo.
14. Son insensibles, ásperos y no cumplen sus promesas.
15. Son desconsiderados.
16. Nunca me dan las gracias por nada.
17. No dedican tiempo para estar conmigo.
18. Son insensibles a mis pruebas y problemas.
19. Pronuncian palabras duras.
20. No son constantes para conmigo.
21. Son desconsiderados para conmigo.
22. Me dicen cómo debo hacer algo que yo estaba haciendo por mí mismo.
23. Me regañan.
24. Son dominantes.
25. Ni siquiera se dan cuenta de que existo y no me aprecian.
26. Actúan como si yo no existiera.
27. No me consideran como una persona que siente y piensa.

28. Están demasiado ocupados como para preocuparse por mí o escucharme.

✗✗ 29. Subestiman mis necesidades, especialmente cuando se antepone su trabajo o su pasatiempo.

30. Traen a colación errores del pasado para tratar con problemas presentes.

31. Siempre me toman el pelo.

32. No notan mis logros.

33. Hacen comentarios sin tacto.

34. Me admiran sólo por mi apariencia física o por mis habilidades, en lugar de admirarme por lo que soy interiormente.

35. No me elogian ni me aprecian.

36. Primero me ponen en un pedestal y luego me bajan de él.

37. Me ilusionan de que vamos a hacer algo juntos como familia y luego no hacemos nada.

38. Me corrigen sin decirme que me aman.

39. Me disciplinan con dureza y enojo.

40. No razonan conmigo y no me explican por qué me están disciplinando.

41. Me castigan utilizando la fuerza bruta.

42. Reaccionan de la manera opuesta a lo que yo pienso que debería reaccionar un creyente.

43. Se gritan entre sí.

44. No tienen interés en mí.

45. Menosprecian a algún amigo mío o algo que hago y lo catalogan de "tonto o estúpido".

46. Utilizan malas palabras cuando se enojan conmigo.

47. Son impacientes, lo cual muchas veces parece rudeza.

48. Dicen "no" sin darme una razón.

49. Nunca me elogian por nada.

50. Percibo una diferencia entre lo que me dicen con sus palabras y lo que me dicen a través de las expresiones faciales.

51. Hacen comentarios sarcásticos sobre mí.

52. Se ríen de mis sueños, de mis esperanzas y de mis logros.

53. Me castigan con severidad por algo que no hice.

54. Me miran distraídamente cuando tengo algo importante que decir.

55. Me insultan delante de la gente.

56. Hablan antes de pensar de qué manera me afectará.

57. Me presionan cuando me siento deprimido u ofendido.

58. Me comparan con mis compañeros de escuela y me dicen cuán maravillosos son y cuánto desearían que yo fuera mejor.

59. Me obligan a discutir con ellos cuando yo me siento realmente herido.

60. Me tratan como a un niño.

61. No aprueban lo que hago o cómo lo hago. Yo trato de obtener su aprobación, pero ellos no me la dan.

62. Hacen las mismas cosas que me dicen que yo no haga.

63. No me prestan atención cuando les pido consejo porque están muy ocupados.

64. Me pasan por alto y no me presentan a la gente que llega a nuestra casa o que encontramos en otro lugar.

65. Demuestran favoritismo hacia mi hermano.

66. Con su comportamiento me dicen que lo que yo quiero es de poca importancia.

67. No demuestran que soy especial para ellos. Para mí es muy importante que mis padres me hagan saber, aunque sea en pequeños hechos, que soy especial para ellos.

68. Mi padre menosprecia a mi madre, especialmente frente a otras personas.

69. Casi nunca me abrazan.

70. Oigo reñir a mamá y a papá hasta el punto en que uno de los dos sale realmente herido.

71. Mis padres no me tienen confianza.

72. Hacen bromas en cuanto a una peculiaridad física que tengo.

73. Mis padres tratan de vengarse entre sí.

74. Sé que mi padre nunca aprueba lo que hago o cómo lo hago.

75. Mis padres no pueden controlar su enojo.

76. Se enfurecen conmigo porque no puedo ir al ritmo de sus planes o estar a la altura de sus habilidades.

77. Me hacen sentir como que ojalá nunca me hubieran tenido.
78. Nunca tienen tiempo suficiente para mí.
79. Mis padres están pegados al televisor cuando yo los necesito.
80. Mis padres gastan mucho dinero en sus placeres, pero cuando yo deseo algo, parece que no tienen dinero.
81. Me hacen sentir como un niño pequeño.
82. No dedican el tiempo necesario para comprender lo que trato de decirles.
83. Me gritan cuando yo ya sé que me he equivocado.
84. Me hacen sentir que no he tratado de mejorar en alguna cosa, cuando en realidad he intentado mejorar.

2

La paternidad que obtiene resultados positivos

- *Cuatro tipos básicos de padres:*
  Los padres dominantes
  Los padres indiferentes
  Los padres permisivos
  Los padres amorosos y firmes
- *Los dos factores más importantes en la crianza de los hijos.*

El corazón me dio un vuelco cuando vi el automóvil de la policía estacionando frente a nuestra casa. Yo sabía por qué había venido. Demasiado asustado como para moverme, permanecí sentado, inmóvil, tratando de parecer inocente mientras mi madre abría la puerta.

El oficial se presentó, y luego se dirigió a mí. —¿Viste a tu amigo Jimmy hoy? —me preguntó.

—Sí —le contesté, tratando con todas mis fuerzas de esconder mi nerviosismo—. Siempre nos vemos.

—¿Estuviste con él cerca del río?

—No, no estuve en ningún momento cerca del río.

El oficial miró a mi madre y luego me miró a mí nuevamente. —Jimmy me dijo que tú estabas allí con él. También me dijo que entraron sin permiso a una de las casas de allí.

Sentí que la sangre me subía al rostro mientras sacudía la cabeza en señal de negación. El oficial prosiguió: —Tendrás que comparecer ante la corte juvenil la semana próxima. Allí habrá testigos.

Comencé a llorar y luego admití la verdad: —Estuve en la zona del río. Entramos a una casa, pero solamente tomamos un par de cosas pequeñas.

Ese no era todo mi problema. Algunos comerciantes de la ciudad me habían acusado de robar dinero y mercaderías de sus negocios. Yo no les había robado nada, pero como mi mala reputación ya era un hecho conocido, todos sospechaban de mí. Corrían rumores por la ciudad de que probablemente me enviarían a un reformatorio. Mientras crecía, básicamente hacía lo que deseaba y cuando lo deseaba. Estoy seguro de que habría necesitado cientos de palizas por mis acciones y por mis actitudes irresponsables como niño, pero mis padres nunca me disciplinaron. Como resultado, al ser adulto, he tenido dificultades en varias esferas de mi vida. De una manera u otra, las reglas nunca se aplicaban a mí. Si un cartel decía: "No estacionar", yo estacionaba porque "yo soy una excepción." Como en mi hogar no había reglas, yo suponía que las reglas eran para los demás, no para mí.

Sin embargo, la actitud de mis padres produjo un resultado muy positivo en mi vida; puso el fundamento de un fuerte sentido de autoestima. Esto puede parecer extraño luego de leer acerca del problema en el cual me encontraba involucrado, pero cuando miro hacia atrás, y veo la forma en la que me criaron, puedo ver que mis padres eran uno de los cuatro tipos de padre de los que hablaremos en este capítulo. Ahora comprendo cómo fue posible que creciera con una autoimagen positiva en un hogar carente de disciplina.

Hace algunos años, el doctor Dennis Guernsey describió cuatro categorías básicas de padres en un artículo para *Family Life Today* (La vida familiar hoy en día). Sus observaciones están basadas en un estudio hecho en la Universidad de Minnesota. Existen dos clases de padres que tienden a hacer que sus hijos no acaten la autoridad. Estos hijos tienden a no pensar muy bien de sí mismos. Pueden tener mal comportamiento en la escuela y generalmente están convencidos de que nunca tendrán éxito. Estas clases de padres también tienden a cerrar más frecuentemente el espíritu de sus hijos, obteniendo como resultado los diversos problemas que hemos mencionado en el capítulo 1.

Las otras dos categorías de padres, una de las cuales caracterizaba a mi padre y a mi madre, tienden a producir hijos que actúan de una manera más positiva. Estos hijos son más seguros y tienden a apreciarse a sí mismos. Obtienen mejores resultados en la escuela y son más responsables como adultos.

Al examinar cada tipo de padre, es importante que no solamente veamos qué clase de padres somos nosotros, sino que también evaluemos nuestra vida a la luz de la manera en la que nosotros fuimos criados.

Cuatro tipos básicos de padres

1. Los padres dominantes

Esta clase de padre tiende a producir las cualidades más negativas en los hijos. Los padres dominantes, generalmente tienen expectativas y normas muy altas, pero rara vez ofrecen calor y apoyo. Dan muy pocas explicaciones a sus rígidas reglas. Tienden a ser inflexibles y demandan que sus hijos permanezcan al margen de ciertas actividades a causa de sus fuertes convicciones. Pero como los hijos no conocen las razones por las cuales estas actividades están mal, pueden participar secretamente en ellas.

Un grupo de sicólogos y siquiatras estudió a 875 niños del tercer grado en el área rural de Columbia, Nueva York. Ese estudio comenzó en 1960 y concluyó en 1981. Estos profesionales llegaron a varias conclusiones con respecto a los padres dominantes. Descubrieron que la agresión en alta escala en los niños pequeños es causada por las acciones de los padres muy dominantes. Esta agresividad generalmente dura toda la vida y puede conducir a una violencia mayor. Este estudio también demostró que los castigos duros, como lavarle la boca con jabón a un niño, unidos al rechazo, pueden conducir a un comportamiento agresivo.

Estas son algunas de las acciones y declaraciones típicas de un padre dominante:

- "Las reglas son las reglas. Has llegado tarde, vete a la cama sin cenar."
- "No voy a tolerar esa respuesta insolente. Discúlpate." (O si no le da una bofetada en la cara.)
- "No necesitas razones. Simplemente haz lo que te digo."
- "No me importa cuántos amigos tuyos vayan allí. Tú no irás y no quiero escuchar una palabra más acerca de esto,

¿me entendiste, o te lo debo repetir?"
- "Ningún hijo mío va a hacer el ridículo. Si aceptaste el trabajo, ahora no puedes dejarlo."
- "¿Cuántas veces te he dicho que no hagas más eso? Apróntate para recibir tu merecido."

A continuación presento algunas de las reacciones que pueden tener los hijos de padres dominantes:

- Sienten poco respeto de sí mismos. Tienen dificultad para obedecer las reglas o a la autoridad.
- La dura rigidez del padre quebranta el espíritu del hijo y trae como resultado la resistencia, el hermetismo o la rebelión.
- Generalmente, estos hijos no quieren saber nada de las reglas o de los valores de los padres. Tienden a rechazar los ideales de los padres.
- Estos hijos pueden sentirse atraídos por otros niños o jóvenes que se rebelan contra sus padres y contra las reglas de la sociedad. Es probable que utilicen drogas y que participen de otras actividades ilegales.
- Estos hijos suelen hablar en tono de voz muy alto y demandar fuertemente sus derechos.
- En la escuela, es probable que provoquen interrupciones para llamar la atención.

2. Los padres indiferentes

Los padres indiferentes tienden a carecer tanto del apoyo amoroso como del control sobre sus hijos. Muestran una actitud despreocupada o inmadura, enojándose desenfrenadamente contra un hijo cuando se sienten irritados. Esta clase de padres tienden a aislarse de sus hijos utilizando excesivamente a las niñeras y encerrándose en sus propias actividades egoístas. Ven a sus hijos como una molestia, los cuales "deben verse pero no oírse".

El doctor Armand Nicholi, profesor de siquiatría de la Universidad de Medicina de Harvard, me ayudó a comprender que los padres indiferentes no están ausentes solamente cuando se encuentran fuera de sus casas. Les roban a sus hijos uno de los factores más importantes de la vida al no ser accesibles a ellos en la esfera de las emociones. Cuando se encuentran en sus casas, generalmente no escuchan ni prestan atención a sus hijos.

De acuerdo al doctor Nicholi, existen cuatro razones principales por las cuales se descuida a los hijos hoy en día:

a. *La alta tasa de divorcio*. Las estadísticas muestran que en los Estados Unidos solamente existen más de trece millones de hijos que viven con uno solo de sus padres. La tasa de divorcio ha subido notablemente desde el comienzo de los años 60 y ha aumentado en un 700% desde el comienzo del siglo. La mayoría de los divorcios hacen que el padre o la madre que queda a cargo de los hijos tenga que trabajar fuera del hogar, dejándole menos tiempo para participar en el desarrollo emocional de sus hijos. Para el padre o la madre que está solo, resulta muy difícil brindarles a sus hijos el tiempo necesario cada día para escucharlos y ayudarlos a madurar emocionalmente.

b. *El aumento de madres que trabajan fuera del hogar*. Más del 50% de todas las madres en los Estados Unidos trabajan fuera de sus casas. Esto también aumentó notablemente a partir de los años 60, cuando se hizo mucho énfasis en que la mujer no se realizaba en el hogar. También las presiones económicas de esos tiempos obligaron a muchas mujeres a buscar empleo. Al salir las madres a trabajar fuera del hogar no tienen tanto tiempo para dedicarles a sus hijos.

La tasa de suicidios de niños entre los diez y catorce años se ha triplicado en los últimos diez años. El doctor Nicholi dice que esto puede estar directamente relacionado con los cambios que han afectado a los hogares. Un estudio que él citó muestra que los padres norteamericanos pasan menos tiempo con sus hijos que los padres de cualquier otra nación excepto Inglaterra. El estudio citaba a un padre ruso que decía que él no podía ni siquiera considerar pasar menos de dos horas al día con sus hijos. En contraste, un estudio realizado en la Universidad de Boston informó que el padre promedio en los Estados Unidos pasa unos treinta y siete segundos diarios con sus hijos.

c. *El uso excesivo de la televisión*. Esto también aumentó grandemente en los años 60, y actualmente más del 90% de los hogares norteamericanos poseen por lo menos un televisor. El problema de la televisión es que a pesar de que las personas están físicamente juntas en una habitación, existe muy poco contacto significativo y emocional. En la medida en que los padres descuidan a sus hijos mirando televisión o a través de otras actividades, los hijos experimentan una pérdida emocional similar a la que se siente al perder a un padre que se muere. A menudo se sienten culpables cuando sus padres no están con ellos. Algunos inclusive creen que la razón de esta ausencia es que ellos son malos, y que si fueran mejores, sus padres pasarían más tiempo con ellos. Evidentemente, este sentido de culpa disminuye la autoestima del niño.

d. *Una sociedad crecientemente nómada.* Más del 50% de las familias norteamericanas se trasladan cada cinco años. Estos traslados les quitan a los hijos el tiempo de sus padres así como la fuerza emocional y la relación con algunos amigos y familiares del lugar donde vivían anteriormente. Sin embargo, aun cuando tengamos que trasladar a nuestras familias, podemos proveerles apoyo emocional a nuestros hijos. Esto puede hacerse apartando un tiempo cada día para estar con nuestros hijos o juntos como familia. El doctor Nicholi enfatiza que este tiempo debería utilizarse para contrarrestar los efectos de una sociedad nómada.

Para ilustrar cuán real es el problema de ayudar a los hijos en el aspecto emocional, haz un alto en la lectura de este libro y pasa unos cinco minutos ahora mismo concentrándote en el bienestar de tu familia y pensando en cómo puedes satisfacer las necesidades emocionales de cada hijo. Es probable que te resulte muy difícil, porque en nuestra cultura no estamos acostumbrados a este tipo de cosas.

A continuación presento una lista de algunas de las acciones y aseveraciones típicas de los padres indiferentes:

- "Hazlo solo, ¿no ves que estoy ocupado?"
- "¡No! Alguien me está esperando y se me hace tarde. Dile a tu madre que te ayude."
- "No, no puedes quedarte levantado. Recuerda que quisiste estar levantado hasta tarde anoche. ¡Esfúmate!"
- "Eso es problema tuyo. Yo tengo que ir a trabajar."
- "¡Santo cielo! ¿No pueden ser un poco más cuidadosos?"
- "Otra vez se ha hecho tarde. ¿Alguien puede pasarme la sal?"
- "¿Así que piensas que soy estúpido? Bueno, eso es problema tuyo, muchachito. ¡Desaparece!"

He aquí algunos efectos posibles que se producen en los hijos de padres indiferentes:

- La dureza y la indiferencia tienden a herir el espíritu de un niño dando como resultado la rebelión.

- La indiferencia le dice al niño que no tiene el valor suficiente como para que sus padres pasen tiempo con él.
- El niño desarrolla inseguridad porque sus padres son impredecibles.
- Es probable que el niño no desarrolle un respeto saludable de sí mismo, porque a él no lo respetan y no ha aprendido a controlarse.
- Las promesas que no se cumplen quebrantan el espíritu del hijo y disminuyen su autoestima.
- Al hijo de estos padres, por lo general, le va mal en la escuela, porque tiene muy poca motivación.

3. Los padres permisivos

Los padres permisivos tienden a ser cálidos y a apoyar a sus hijos, pero son débiles en establecer reglas y límites.

Esta fue la clase de padres que tuve. Mi madre y mi padre eran muy cálidos y amorosos, y me demostraban aceptación. Pero en nuestro hogar no había reglas rígidas. Generalmente cedían ante mis demandas. Aun cuando me encontrara en problemas, no me castigaban ni me disciplinaban. Mi madre decía que ella nunca nos daba una paliza porque su primera hija había muerto de envenenamiento en la sangre dos semanas después de que ella la había castigado. Ella le hizo prometer a mi padre que nunca más le darían un azote a ninguno de sus cinco hijos.

A pesar de sus buenas intenciones, esta indulgencia me afectó negativamente. Mis padres dejaron en mis manos todas las decisiones concernientes a lo que haría con mi tiempo libre. Por cierto, no comencé a salir formalmente con muchachas hasta ...¡el tercer grado! Esto trajo muchos problemas a mi vida. Una vez, mi padre me descubrió en una seria infracción cuando era pequeño. Por el tono firme de su voz yo supe que me encontraba en dificultades. Pero más tarde, me dijo que me perdonaría sin castigarme si le prometía que no lo haría nuevamente. Yo le dije que necesitaba una paliza, pero él no me la dio. Algo dentro de mí deseaba la disciplina.

Encontré la misma permisividad en la escuela. Una vez, cuando estaba en tercer grado, una maestra me encontró pasando notas, luego de haberme advertido acerca de las consecuencias si yo no dejaba de hacerlo. Me envió al director. Este conversó conmigo por algunos momentos, me dijo que debía comportarme bien, y luego dijo que me castigaría. Yo pensé que realmente lo haría, pero unos quince minutos después, me dijo que me daría otra oportunidad si le prometía que no volvería a pasar notas. Por supuesto, en aquel momento yo prometí toda la bondad del mundo, pero interiormente puedo recordar que me sentí desilusionado porque él no había cumplido su palabra de castigarme.

Una de las principales razones de que muchos padres sean permisivos, es el temor de dañar a sus hijos si son muy estrictos. Este temor de confrontar a sus hijos, puede producir en realidad las mismas cosas que ellos temen.

Desde el punto de vista positivo, los padres permisivos son fuertes en la esfera del apoyo. Yo estoy muy agradecido a mis padres por el amor que me demostraron. Ellos eran muy dadivosos, comprensivos y alentadores. Los padres efectivos se dan cuenta de que cierto grado de permisividad es saludable. Esto significa aceptar que los niños son niños, que una camisa limpia no durará limpia por mucho tiempo, que los niños corren en lugar de caminar, y que un árbol es para treparse y un espejo es para hacer muecas. Significa aceptar que los niños tienen el derecho de sentir y soñar como niños. Esta clase de permisividad le da al niño confianza y una creciente capacidad de expresar sus pensamientos y sentimientos.

Por otra parte, la excesiva permisividad da lugar a hechos indeseables tales como golpear a otros niños, escribir en las paredes de edificios o romper objetos.

Las siguientes aseveraciones y acciones son típicas de los padres permisivos:

- "Bueno, muy bien. Puedes quedarte levantado esta noche. Yo sé cuánto te gusta este programa."
- "Estás cansado, ¿no es así? Repartir diarios es una tarea pesada; yo te llevaré en el auto."
- "Detesto verte bajo toda esta presión de la escuela. ¿Por qué no descansas mañana? Diré que estás enfermo."
- "¿Que no me escuchaste que te llamaba a cenar? Bueno, está bien. Siéntate; no quiero que se te enfríe la comida."
- "Por favor, no te enojes conmigo. Estás armando un escándalo."
- "Juan, por favor, trata de apurarte. Mamá llegará tarde otra vez si no salimos enseguida."

He aquí algunas reacciones posibles de los hijos de padres permisivos:

- El hijo siente que se encuentra en el asiento del conductor y que puede manejar a sus padres.
- El niño desarrolla un sentimiento de inseguridad, como si se apoyara en una pared que parece estar firme, pero que se derrumba.
- El hijo puede sentir poco respeto de sí mismo porque no ha aprendido a controlarse y a dominar ciertas disciplinas personales.
- El niño aprende que dado que las reglas no son firmes, él puede manipularlas.

4. Los padres amorosos y firmes

Los padres amorosos y firmes generalmente poseen reglas, límites y normas de vida claramente definidas. Se toman tiempo para enseñarles a sus hijos a comprender esos límites, como por ejemplo por qué no deben grabar corazones con iniciales en el árbol del vecino, y les dan claras advertencias cuando transgreden un límite establecido. Pero también brindan apoyo expresando afecto y dedicando tiempo especial para escuchar a cada hijo. Son flexibles y están dispuestos a escuchar todos los detalles si se ha violado un límite.

El padre firme y amoroso es una saludable y equilibrada combinación del padre dominante y el permisivo. Existe firmeza con reglas claramente definidas tales como: "No debes dañar intencionalmente nuestros muebles ni los de ninguna otra persona", pero esta firmeza está combinada con actitudes y acciones amorosas.

He aquí algunas afirmaciones y actitudes típicas de los padres firmes y amorosos:

- "Nuevamente has llegado tarde a la cena, campeón. ¿De qué manera podemos solucionar esto?" (Estos padres dedican tiempo para buscar soluciones junto a sus hijos.)
- "Mira, me gustaría que te pudieras quedar levantado hasta más tarde, pero hemos acordado esta hora para ir a dormir. Tú sabes cómo estarás mañana si no duermes lo suficiente."
- "Cuando nuestros ánimos se hayan enfriado, conversaremos sobre lo que hay que hacer."

- "Te encuentras verdaderamente agobiado de trabajo, ¿no es cierto? Esta vez te ayudaré. Luego trataremos de pensar de qué manera puedes hacerlo solo la próxima vez."
- "Dices que todas las demás niñas estarán allí. Antes de tomar una decisión me gustaría tener más información."
- "¿Estudiaste tu lección de piano? No me gusta hacer esto, pero nos hemos puesto de acuerdo en que no habrá cena hasta que no hayas practicado. Te mantendremos la cena caliente."
- "Puedes contestar el teléfono, pero antes de hacerlo, debes aprender a responder de la manera correcta."

Características típicas de hijos que tienen padres amorosos y firmes:

- El apoyo cálido y los límites claramente definidos tienden a cimentar en el niño el respeto de sí mismo.
- Un niño vive más contento cuando ha aprendido a controlarse.
- Su mundo es más seguro cuando se da cuenta de que existen límites que no se pueden transgredir, y comprende el porqué de dichos límites.
- Como el espíritu del hijo no está cerrado, las líneas de comunicación con los padres están abiertas. Hay menos probabilidad de que existan los "rebeldes años de la adolescencia".
- Los hijos de padres firmes y amorosos se destacan en: (a) respeto de sí mismos, (b) capacidad para acatar autoridad en la escuela, en la iglesia, etc., (c) mayor interés en la fe de sus padres, y (d) menos tendencia a unirse a grupos rebeldes.

El padre firme y amoroso refleja claramente el modelo bíblico de lo que debe ser un padre. Este modelo recalca dos maneras importantes en la que los padres deben ocuparse de sus hijos. En primer lugar, deben *disciplinar* a sus hijos, lo que en parte significa marcar límites bien definidos en el hogar. En segundo lugar, deben seguir el gran *mandamiento* de las Escrituras: amarse los unos a los otros.

Los dos factores más importantes en la crianza de los hijos

He llegado a la conclusión de que los dos factores más importantes en la crianza de los hijos son:

(1) Establecer en el hogar reglas claramente definidas y comprensibles, es decir, límites que los hijos sepan que no pueden violar sin sufrir consecuencias.

(2) El compromiso de amar a cada hijo de una manera cálida y afectiva que le brinde apoyo.

A continuación se resumen estas cuatro clases de padres. Los padres dominantes califican bajo en su capacidad de mostrar apoyo amoroso y cálido, y alto en el establecimiento de reglas y limitaciones rígidas. Los padres indiferentes tienen la tendencia de carecer de amor y cálido apoyo, y también de no establecer reglas y límites en el hogar. Los padres permisivos poseen una mayor tendencia a ser amorosos, cálidos y a brindar apoyo y aprobación, pero sin embargo les falta la capacidad de establecer reglas y límites claramente definidos. La cuarta clase de padre, el amoroso y firme, ha establecido límites claramente definidos y es más diligente en comunicar ternura y apoyo amoroso.

Padres	Amor y apoyo para sus hijos	Control mediante límites y reglas
Dominantes	poco	mucho
Indiferentes	poco	poco
Permisivos	mucho	poco
Amorosos y firmes	mucho	mucho

3

La expresión del apoyo amoroso. El aspecto más importante de la crianza de los hijos

- *Compromiso incondicional*
- *Momentos programados*
- *Estar disponibles para los hijos*
- *Trato tierno*
- *Contacto visual frecuente*
- *Escuchar comprensivamente*
- *Contacto físico significativo*

Mi hijo Greg y yo estábamos sentados en mi automóvil y la tensión se podía cortar con un cuchillo. En silencio, Greg miraba hacia la calle. —Sé lo que has estado haciendo —le dije.

Mi hijo, de trece años, había estado involucrado en una actividad que sabía que era mala, pero no podía admitirlo. Las lágrimas comenzaron a correr por sus mejillas, cuando dijo: —Papá, yo no quería decírtelo porque sabía que te sentirías muy avergonzado de mí.

Extendí los brazos e inmediatamente él se volvió hacia mí. Cuando lo abracé comenzó a sollozar. Sentí cómo su cuerpo se relajaba cuando le dije: —No importa lo que hayas hecho o lo que puedas hacer, recuerda que siempre te amaré.

Al escuchar esas palabras, Greg pudo admitir lo que había hecho. Cuando sintió mi amor, pudo relajarse y las líneas de comunicación entre nosotros se abrieron nuevamente. En este capítulo deseamos explorar diversas maneras de expresar amor a nuestros hijos, la clase de amor que mantiene unidas a las familias y aumenta el sentido de valor personal del niño.

Compromiso incondicional

Una de las maneras más importantes de expresarles ternura y apoyo a nuestros hijos es *tener con ellos un compromiso incondicional de por vida*. Esta es la clase de compromiso que dice: "Eres importante para mí hoy y mañana, sin importar lo que suceda."

Mi familia tiene una manera de recordar diariamente mi compromiso para con ella. En el pasillo de entrada de nuestra casa hay una placa en la pared que yo mismo hice y que dice: "A Norma, Kari, Gregory y Michael, asegurándoles mi compromiso de por vida con ustedes."

Norma y yo frecuentemente les decimos a nuestros hijos que los amamos. De muchas maneras, les hacemos saber que estamos comprometidos con ellos por el resto de sus vidas, hagan lo que hagan. Estamos comprometidos a ayudarles a tener éxito en cualquier cosa que deseen emprender. Estaremos comprometidos con ellos luego de que se hayan casado, se casen con quien se casen. Nuestro compromiso seguirá firme sin importar lo que suceda durante sus matrimonios. Estaremos comprometidos con sus cónyuges y con sus hijos. Les decimos que siempre estamos dispuestos a escuchar. Si se meten en problemas, estaremos allí para ayudarlos. Esto no quiere decir que vamos a librarles de todos los aprietos, porque no sería lo mejor para ellos. Pero nuestros hijos saben cuánto les amamos y que no importa lo que hagan, siempre les amaremos.

Mark "Golden Boy" Frazie, un boxeador profesional, me contó cómo sus padres le demostraron el compromiso que tenían con él. Cuando le pregunté a Mark quién había sido la persona que más le había alentado en su vida, sin vacilar contestó: "Mi padre." Me contó que su padre es verdaderamente su mejor amigo y que siempre lo será.

"Cuando yo tenía diecinueve años, atravesé una verdadera crisis", me explicó Mark. "Algunos de mis familiares no me podían ni ver, y muchos conocidos no me comprendían. Pero mi padre me dijo que aunque le dolía lo que había hecho, yo era su hijo. El siempre me amaría y estaría allí para ayudarme a levantar."

En contraste, la falta de compromiso incondicional puede resultar en serios conflictos. Un atemorizado muchacho de dieciocho años, de pie frente a un severo juez, escuchaba mientras éste, amigo personal de su padre, le decía que era una desgracia para la comunidad y para su familia: —Deberías sentir vergüenza de ti mismo por deshonrar el nombre de tu familia, trayéndoles a tus padres tanta angustia y malestar. Tu padre es un notable ciudadano de esta comunidad. Yo personalmente he trabajado en numerosos comités con él y conozco su compromiso con esta ciudad. Considero a tu padre un amigo personal y es con profundo dolor que debo pronunciar hoy esta sentencia por el delito que has cometido.

El joven escuchó al juez con la cabeza inclinada con evidente vergüenza. Luego, una vez que se hubo dictado la sentencia, preguntó si podía hablar: —Su señoría, no deseo faltarle el respeto o excusarme por mi comportamiento, pero lo envidio grandemente. Verá, hubo muchos días y noches en los que deseaba ser el mejor amigo de mi padre. Hubo muchas veces cuando necesité su ayuda con el trabajo de la escuela, en mi relación con las muchachas, y en algunos de los momentos difíciles que atravesé como adolescente. Pero mi padre estaba afuera la mayor parte del tiempo, probablemente en alguno de esos comités con usted, o jugando al golf. Siempre sentí como si las otras cosas eran más importantes para él que yo. No deseo ser irrespetuoso, pero realmente desearía conocer a mi padre como lo conoce usted.

Impactado por las palabras del muchacho, el juez le otorgó libertad condicional y ordenó que el muchacho y su padre pasaran algún tiempo juntos durante cada semana, para poder conocerse. Evidentemente esta sentencia fue una humillación para el padre, al darse cuenta de su falta de compromiso para con su hijo, pero le obligó a conocer mejor a su hijo, y ése fue el punto crucial en la vida del muchacho.

Momentos programados

Una segunda manera en la que los padres podemos mostrar nuestro amor es *programando momentos especiales con la familia*. La comunicación de la aprobación amorosa y cálida a nuestros hijos no siempre sucede naturalmente. Creo que estos momentos deben programarse regularmente, con preferencia a diario, porque nuestros hijos los necesitan.

Momentos programados que son significativos para todos. La actividad en sí no es tan importante, pero debe ser algo que disfrute tanto el hijo como el padre. Muchas veces las relaciones más profundas se desarrollan durante las actividades más simples.

Como familia, frecuentemente salimos a acampar. Es durante esos momentos que pasamos en el automóvil, recostados en los sacos de dormir o esperando que un pez pique, cuando se dicen las cosas que nos dan una comprensión mayor de nuestros hijos. Estos momentos especiales nos ayudan a comprender hacia dónde se dirigen en la vida y qué es lo que les preocupa. El simple hecho de estar con ellos les comunica que les amamos. La disposición de un padre de invertir el tiempo necesario para que una conversación adquiera más profundidad, ayuda a que el hijo sienta mayor autoestima.

Una noche de verano viajábamos en nuestra casa rodante desde Portland, Oregón, hacia la ciudad de Chicago. Eran alrededor de las diez y todos estaban dormidos. Yo había planeado detenerme en un campamento alrededor de las once, pero Kari, que tenía unos trece años de edad en aquel momento, se despertó y vino a sentarse en el asiento de adelante junto a mí. Ella sacó el tema del noviazgo y del matrimonio y comenzamos una conversación muy significativa acerca de las consecuencias de las relaciones sexuales premaritales. No teníamos que ir a algún lugar a una determinada hora. No había ningún teléfono que pudiera interrumpirnos. No podría haber planeado un momento juntos más significativo. No necesitamos detenernos a comer. Y ella, por supuesto, estaba muy interesada en la conversación. Estuvimos despiertos hasta las dos de la madrugada mientras todos los demás dormían. Momentos como ése no se dan con frecuencia a menos que planeemos tiempo juntos. Si nuestros hijos ven que dejamos de lado otras cosas para pasar tiempo con ellos, se darán cuenta de cuán importantes son para nosotros.

Muchas veces me pregunto por qué los padres tenemos tanta reticencia para decirles a nuestros hijos cuán valiosos son para nosotros. Necesitamos hacerles saber regularmente que son tremendamente importantes para nosotros. En una escala del cero al diez, para determinar el grado de importancia que tienen tus hijos para ti, ¿dónde colocarías a tus hijos? Mis hijos saben que para mí se encuentran en un nueve. Ellos son lo más importante de mi vida después de Dios y de mi esposa. Algunas veces permito que este valor caiga a un cuatro o a un siete, pero trato de impulsarlo nuevamente al nueve con la decisión consciente de valorarlos.

Estar disponibles para los hijos

Además del compromiso incondicional y de los significativos momentos programados, necesitamos *comunicar que estamos disponibles* para nuestros hijos en los momentos programados y en los no programados también. Algunas veces cuando estoy leyendo el periódico, mirando algo especial en la televisión o cuando me dirijo hacia la puerta para ir a alguna reunión, alguno de mis hijos me dice: "Papá, ¿tienes un minuto? Tengo este problema de geometría." O Kari, antes de ir al colegio, puede decirle a Norma que se encuentra en la cocina: "Mamá, ¿qué voy a hacer? No tengo nada que ponerme." Debemos tener cuidado con lo que comunicamos en estos momentos. Si decimos: "Ahora no, estoy ocupado", ellos observarán lo que estamos haciendo y se compararán en importancia con lo que ocupa nuestro tiempo. Muchas veces podemos decir: "Ahora no es un buen momento para hablar, pero dentro de treinta minutos puedo brindarte toda mi atención." Otras veces, podemos dejar lo que estamos haciendo, sencillamente porque nuestros hijos son más importantes.

Los hijos pueden pasar un día entero sin pedirnos ayuda, pero tal como lo explica el doctor Ross Campbell en su libro *"Si amas a tu adolescente"*, los adolescentes tienen algo así como un "tanque" dentro de sí y de tanto en tanto se quedan sin "combustible emocional". Es entonces cuando necesitan estar cerca de nosotros. Necesitan que les toquemos, que les escuchemos, que les comprendamos y necesitan nuestro tiempo. Una vez que hemos llenado su "tanque emocional" generalmente dicen: "Muy bien, nos vemos luego." Es probable que nosotros no hayamos terminado de decir todo lo que deseábamos, pero ellos ya están satisfechos. Y eso les basta. Yo deseo que mis hijos sepan que son valiosos para mí y que cuando me necesitan, estoy a su disposición la mayor parte del tiempo.

Estar disponibles no significa que estemos sin hacer nada esperando a nuestros hijos; significa evaluar qué es lo más importante en nuestra vida. ¿Coser? ¿Jugar al golf? ¿Mirar televisión? ¿Jugar al fútbol? ¿Trabajar? ¿Cuántos padres dirían que el periódico es más importante para ellos que sus hijos? Probablemente ninguno. Sin embargo, muchos padres parecen no estar disponibles e inclusive se irritan si sus hijos se les acercan con alguna necesidad especial mientras están leyendo.

Es natural que un padre se preocupe por su trabajo, pero un hombre debe evaluar por qué está trabajando. ¿Lo hace principalmente para satisfacer las necesidades de su familia o para satisfacer sus propias necesidades? Si lo hace para satisfacer las necesidades de su familia, debería darse cuenta de que no es bueno que dedique muchas horas extra al trabajo para alimentar a sus hijos o para enviarlos a la universidad. En realidad, los hijos tienen una necesidad mucho mayor de *pasar tiempo con papá*, que saber que papá está afuera trabajando para que ellos puedan comer o asistir a la universidad.

Como a mí me resulta muy fácil involucrarme completamente en mi trabajo, en forma regular me hago autoevaluaciones. A menudo le pregunto a mi esposa si a ella le parece que dedico suficiente tiempo a los hijos. También se lo pregunto a ellos, y escucho cuidadosamente lo que me responden.

Los hijos no esperan que los padres abandonen todas sus actividades y momentos de recreación para estar siempre disponibles, pero deben ver que todas esas otras actividades no son tan valiosas para sus padres como lo son ellos.

Trato tierno

Otro aspecto a considerar al comunicarles amor a nuestros hijos es la manera en la que nosotros los padres actuamos con ellos. *Los hijos necesitan que se les trate con ternura.* La amabilidad y la ternura son de primordial importancia al tratar con nuestros hijos.

La dureza y los sermones con enojo les comunican a los hijos que tienen muy poco valor, y en algunos casos que carecen totalmente de él. La frecuente conclusión inconsciente a la que llegan muchos adolescentes es: "Si yo fuera una persona de valor, no serían tan malos conmigo."

La ternura produce efectos muy positivos en un hogar. Algunas veces, mientras estoy leyendo por la noche, alguno de mis hijos se sienta en mis rodillas. Algunas veces desea conversar, otras veces se conforma simplemente con estar conmigo. Kari, por lo general, me dice algo como lo siguiente: "Papá, tengo un problema con una amiga en la escuela. ¿Te parece que podríamos hablar acerca de eso esta noche?" Mi hija sabe que generalmente yo estoy disponible para hablar con ella. Y yo he aprendido que cuando estamos juntos, ella desea que la escuche, que me mantenga calmo, que le ofrezca algunas sugerencias y especialmente que intente comprender sus sugerencias. Ella no desea ni necesita un sermón. Por sobre todas las cosas, desea que la escuche con ternura.

Recientemente, violé casi todos los principios que recomiendo en este libro, pero como Kari, que ahora tiene diecisiete años, sabe que la amo y nuestra relación es firme, mi insensibilidad la afectó muy poco. Estando bajo la presión de terminar este libro y de cumplir con otras diversas obligaciones, me lancé a darle un serio sermón. "Siempre tienes que esperar al último día para finalizar las tareas de la escuela", la regañé. La amenacé con no dejarla salir, y con todo lo que me vino a la mente. Salí de mi casa con un amigo y cuando me encontraba en la mitad de la cena, me excusé y fui a llamar por teléfono a Kari. —Kari —le dije, tiernamente y en tono de disculpa—, estuve mal ¿no es cierto?

Siempre pienso que los hijos son mucho más maduros que sus padres. Ella contestó: —Papá, mamá me explicó que estás bajo muchas presiones. Es por eso que no te dije nada. Gracias por llamarme, te amo.

En el calor de una discusión familiar, puedo olvidarme por completo de ser tierno. Personalmente estoy más predispuesto a esto cuando regreso a casa de un viaje y me encuentro física y emocionalmente exhausto. En un día así, Kari dijo que deseaba participar en alguna actividad atlética pero que no sabía cuál elegir. Había mencionado esta inquietud en varias ocasiones, pero nunca había seguido ninguna de mis sugerencias. Esta vez le sugerí que participara en carreras de diferentes distancias. Ella me dijo que no le interesaba correr. Eso me enfureció. "Quiero que corras, ¡así que eso es lo que harás!" Ella se sintió sorprendida por mi respuesta. Allí estaba, una encantadora jovencita de dieciséis años con una actitud muy buena, y yo me sentía molesto porque no deseaba correr.

Sabía que me había equivocado. Podía ver que estaba cerrando su espíritu, pero me sentía demasiado molesto como para resolver el asunto en ese mismo momento.

En situaciones como ésta, generalmente es mejor dejar el conflicto de lado por un momento. Más tarde aquella noche, cuando me había calmado, me acerqué amablemente a Kari. (Esto sucedió luego de haber hecho un trato con mi familia. Como todos ellos son muy valiosos para mí, les había dicho que les daría una recompensa cada vez que descargara mis frustraciones en alguno de ellos.) Me sentía tan mal por lo que le había dicho a mi hija, que decidí que en aquella ocasión su recompensa debía ser doble.

Toqué a la puerta del dormitorio de Kari y escuché su voz vacilante que preguntaba: —¿Quién es? —cuando le dije que era yo, contestó—: Papá, no deseo seguir con el tema ahora.

Cuando le dije que necesitaba hablar con ella, abrió la puerta. Le dije: —Kari, lo que hice contigo estuvo muy mal, y eres demasiado valiosa como para tratarte de esa forma. Sé que esto no compra tu amor, pero deseo darte este pequeño regalo.

Una sonrisa surcó su rostro aunque se sentía un poco incómoda. —Oh, papá, no tenías que darme ningún regalo.

Yo sentía que su espíritu se estaba abriendo mientras hablábamos. Aunque no le hubiera dado nada, si simplemente me hubiera disculpado amablemente, hubiera sido suficiente para ayudar a comenzar el proceso de apertura de su espíritu. Cuando le di el regalo, le comuniqué lo valiosa que es ella para mí.

Actualmente, esto me resulta fácil, porque lo he practicado por años. Sin embargo, no fue fácil al principio. Si no estás acostumbrado a ser tierno y a admitir tus acciones equivocadas como padre, te resultará difícil humillarte. Pero si lo haces, reportará valiosos dividendos en la vida de tus hijos.

Contacto visual frecuente

Los hijos necesitan que los miremos a los ojos cuando les hablamos. El contacto visual frecuente es una manera muy efectiva de comunicar amor a todos. Esto también puede ayudarle a un padre a evaluar si el espíritu de su hijo se está cerrando o no. Cuando a un hijo se le está cerrando el espíritu, tiende a mirar hacia abajo o a esquivar la mirada, o directamente a darle la espalda al padre o a la madre. En el caso de los niños pequeños, es bueno arrodillarnos y mirarles directamente a los ojos.

Muchas veces he escuchado a Norma decirle a alguno de nuestros hijos: "Ahora, mírame a los ojos", cuando tiene que preguntarle algo. Ella dice que generalmente puede sentir cuando un hijo le está mintiendo. Cuando un niño es culpable, le resulta difícil mirar a los ojos a su padre o madre. Mira hacia abajo, o hacia el costado o comienza a parpadear. Es probable que un niño confiese algo simplemente debido a nuestra amable insistencia para que nos mire a los ojos.

Escuchar comprensivamente

El sexto aspecto para comunicar amor a nuestros hijos es *escuchar comprensivamente*. Escuchar es una habilidad que la gente no considera como tal. Sin embargo, creo que el saber escuchar es tan importante que les recomiendo a los padres que den los pasos necesarios para aprender a hacerlo. Escuchar no es algo que hacemos naturalmente. La mayoría de los adultos están preocupados por sus propias necesidades y problemas, y por lo tanto tienden a no escuchar cuidadosamente a sus semejantes. Al no darnos cuenta de las necesidades de los demás, podemos comunicar que no estamos interesados en ellos.

Hay varios puntos importantes que debemos recordar en cuanto a escuchar efectivamente a nuestros hijos:

La persona que sabe escuchar desea tener *contacto visual* con su interlocutor. Esto implica suspender otras actividades, dejar de lado el periódico o apagar el televisor, brindando toda nuestra atención a la persona con quien hablamos.

El que sabe escuchar *nunca supone que sabe lo que la otra persona le va a decir.* Yo he reaccionado ante algo que me ha dicho alguno de mis hijos, sólo para darme cuenta más tarde de que lo que yo había entendido no era lo que él quería decir. Una de las maneras más rápidas de cerrar el espíritu de una persona es acusarla de algo que no ha querido decir.

Me ha ayudado mucho formular preguntas para aclarar lo que la otra persona ha dicho. *Repito en mis propias palabras lo que creo que ha dicho.* Luego le pregunto si eso es lo que dijo. Si me dice que es parecido pero no exactamente igual, le digo: "Bueno, como tenemos tiempo para hablar, explícame qué fue lo que quisiste decir." Entonces me repite lo que está tratando de decirme.

Greg es el payaso de la familia. Pero una vez pensé que había ido demasiado lejos cuando encontré a Michael, de tres años, en el fondo de la piscina de un hotel. Luego de rescatarlo, corrí a nuestra habitación para que un médico pudiera revisarlo. Greg corría detrás de nosotros cuando de pronto gritó: —Papá espera, no puedo ir tan rápido. Estoy seguro de que Michael está bien —y comenzó a reírse.

Yo me detuve, giré la cabeza y lo reprendí indicándole que volviera con su madre. "¿Qué sabe de la seriedad de esta situación?", murmuré mientras continuaba corriendo. Más tarde, Greg trató de explicarme lo que había querido decir. En lugar de reaccionar, le pedí que se explicara. Simplemente estaba tratando de decirme que deseaba ayudar y debido al nerviosismo que tenía, comenzó a reírse sin saber por qué.

Otro factor clave para saber escuchar es *no reaccionar inmediatamente.* Un día, casi salgo corriendo hacia la escuela de Kari luego de escuchar lo que uno de sus profesores había dicho acerca de ella delante de toda la clase. Me sentía profundamente molesto de que un profesor hubiera dicho semejante cosa. Inmediatamente, Kari comenzó a llorar y me rogó que no confrontara a su profesor. Cuando vi su temor me calmé y le aseguré que no hablaría con el profesor si ella no me lo permitía. Al asegurarle esto, ella sintió que podía compartir el resto de lo que este hombre había dicho.

Más tarde, luego de que ambos tuvimos tiempo para pensar, le pregunté a Kari si me permitía ver a su profesor, y ella me dijo que sí. Norma y yo fuimos a verlo, repitiendo lo que Kari nos había contado. El profesor lo confesó, nos pidió disculpas y nos preguntó si podía ver a Kari inmediatamente. Lo llevamos hasta adonde estaba ella, y con lágrimas en los ojos la abrazó y le pidió disculpas. Fue un momento especial para todos nosotros. Al no actuar impulsivamente sino por el contrario pidiendo permiso, Kari ha continuado compartiendo con nosotros lo que sucede en su vida escolar.

En situaciones como ésta, he descubierto que es mejor conversar sobre el problema, y luego, cuando hemos tenido tiempo para pensar, actuar con el consentimiento del hijo afectado. Las reacciones impulsivas hacen que los hijos teman sacar a luz otras cosas en el futuro, y eso corta las líneas de comunicación.

En una oportunidad, me encontraba discutiendo con Greg con respecto a una de sus calificaciones. En medio de mi frustración, le dije que le prohibiría todas las cosas para siempre. Con calma, Kari me recordó una de mis promesas de esperar unos días luego de un viaje antes de cambiar o establecer nuevas reglas que afectaran a los hijos. Tenía razón. Luego de algunos días, me había olvidado de esa situación. La paciencia es fundamental para infundir confianza y para que padre e hijo actúen francamente.

Saber escuchar implica también *no ridiculizar lo que dicen nuestros hijos*. Es probable que no comprendamos lo que nos dicen, pero si los criticamos o ridiculizamos, disminuimos su autoestima y podemos cortar la comunicación.

En su libro titulado *The Family that Listens* (La familia que escucha), el doctor H. Norman Wright señala algunas ideas adicionales con respecto al escuchar:

1. Los padres debemos tener mucho cuidado de no estereotipar a nuestros hijos. Si creemos que nuestro hijo es un quejoso, un llorón o un peleador, eso puede afectar lo que pensamos que nos está diciendo. Si pensamos: "Ah, se la pasa quejándose; lo que dice no es importante", es probable que perdamos alguna parte de lo que está comunicando.

2. La gente tiende a escuchar cinco veces más rápido que lo que una persona habla. Si tu hijo habla a razón de cien palabras por minuto, y tú puedes escuchar a razón de quinientas palabras por minuto, ¿qué haces con el resto del tiempo? Generalmente nos aburrimos y comenzamos a soñar despiertos. O tratamos de ayudar a nuestro hijo a expresar sus pensamientos en lugar de tomarnos el tiempo para escuchar lo que realmente nos quiere decir.

3. Debemos escuchar con todo nuestro cuerpo, no solamente

con los oídos y los ojos. No podemos escuchar efectivamente mientras caminamos, preparamos la cena u hojeamos el periódico. Escuchamos más efectivamente con todo nuestro cuerpo de frente a nuestro interlocutor, inclinándonos ligeramente.

Cada una de estas esferas, *el compromiso incondicional, el tiempo programado, el estar disponibles para nuestros hijos, el trato tierno, el contacto visual frecuente y el escuchar comprensivamente*, aumenta la autoestima y el sentido de valor de los niños. En la medida en que se sienten más valorados, se sienten amados.

Contacto físico significativo

La última forma importante de expresar amor a nuestros hijos es a través del *contacto físico significativo*. Existen muchas investigaciones realizadas en cuanto a la importancia de acariciar y abrazar a nuestros hijos.

De acuerdo a uno de estos estudios, la piel, que es el órgano más grande de nuestro cuerpo, posee una necesidad inherente de que la toquen. Los fisiólogos afirman que las terminales nerviosas de la piel están asociadas con ciertas glándulas vitales que se encuentran en el cerebro. Estas glándulas regulan el crecimiento y muchas otras funciones importantes del cuerpo. Las investigaciones sugieren que algunos niños ven detenido en algún grado su crecimiento debido a la falta de contacto físico. En la Universidad de Minnesota, tienen lo que llaman "sesiones de abrazos terapéuticos", en las cuales las enfermeras y los asistentes dedican algún tiempo a abrazar a los niños descuidados por sus familias, a la vez que les dicen que están mejorando mucho. Los investigadores encuentran que estos niños se ponen a la par de los otros niños de su edad en cuanto al crecimiento físico.

Además de estimular el crecimiento y de ayudar a la salud, el contacto físico también les comunica a los hijos que son valiosos. Cuando a un hijo le pongo tiernamente la mano sobre el hombro, en realidad le estoy diciendo: "Eres importante para mí. Deseo pasar tiempo contigo." Por otro lado, si los apartamos de nuestro lado, o si los castigamos con las manos, les estamos comunicando rechazo. Si nos rehusamos a tocar a nuestros hijos, les estamos diciendo que son "intocables". Para ser efectivo, el contacto físico debe ser significativo desde el punto de vista del hijo.

Para una esposa, una clase de contacto físico significativo de parte de su esposo es cuando éste la abraza tiernamente durante una conversación. Para saber si este contacto es significativo para ella, el esposo se lo puede preguntar. Lo mismo sucede con los hijos. Podemos preguntarles, especialmente en la medida en que van creciendo, si somos demasiado toscos, o si los abrazamos con demasiada frecuencia o si no lo hacemos lo suficiente.

Es importante recordar que el contacto físico es un camino de dos vías. No sólo es esencial que los padres abracen a sus hijos, sino que los hijos abracen a sus padres. Es importante que los hijos sepan que sus padres necesitan sus abrazos. Nosotros no dependemos de sus abrazos, pero es probable que ellos no se den cuenta de que tenemos las mismas necesidades emocionales y físicas, y que apreciamos la espontaneidad de su afecto.

En una oportunidad, en una de nuestras reuniones familiares, hablamos sobre el contacto físico. Durante la conversación, le mencionamos a Greg, que tenía quince años, que necesitábamos que nos respondiera cuando intentábamos abrazarlo. El se sintió incómodo, por lo tanto hablamos más profundamente sobre el tema. El nos dijo que no se había dado cuenta de que su renuencia a nosotros nos parecía falta de amor. Inmediatamente cambió y se tornó mucho más receptivo a nuestros abrazos, aunque a veces nos parece que intenta reacomodarnos los huesos de la espalda.

Existen varias formas de contacto físico que resultan apropiadas para con los hijos: sentarlos sobre nuestras rodillas mientras les leemos un cuento, darles un abrazo cuando llegan de la escuela, o simplemente tomarles la mano. Nosotros tenemos una manera familiar de tomarnos de la mano, en la cual entrelazamos nuestros dedos pequeños. Cada miembro de nuestra familia sabe que ésta es una tradición secreta que nos pertenece. Norma y yo comenzamos a tomarnos así de la mano cuando éramos novios. Es una señal física personal de afecto en nuestra familia. Obviamente, en la medida en que nuestros hijos han ido creciendo, no les tomamos de la mano tan frecuentemente. Uno de los problemas de la cultura moderna es que hemos asociado todo tipo de contacto físico con connotaciones sexuales. Debemos darnos cuenta de que el contacto físico no debe llevar siempre a la esfera de lo sexual.

El contacto físico provee un sentido de seguridad y de valor.

Algunas veces, nuestros hijos se quedan en la cama los sábados por la mañana, y yo acostumbro ir a sus habitaciones. Me gusta colocar el brazo sobre la almohada de mi hijo o hija, y él o ella apoya la cabeza sobre mi brazo. Otras veces pongo la mano sobre su hombro mientras conversamos.

Cuando Greg tenía unos seis años, nos encontrábamos en una ocasión viajando en nuestro automóvil en el área de Chicago, y él me dijo lo terrible que sería tener un accidente en el cual yo muriera. Yo también estuve de acuerdo y le dije que lo extrañaría muchísimo. Greg me miró y me derritió cuando me dijo: "¿Sabes, papá? Si murieras en un accidente, yo desearía morir en ese mismo momento contigo. Y quiero que nos pongan a los dos en el mismo cajón, y quiero estar acostado sobre tu brazo." Por más dramática que parezca esta declaración, ilustra cuánto significa para nuestros hijos que tengamos contacto físico con ellos.

Yo no siempre he sido así. No provengo de un hogar en el cual el contacto físico fuera una costumbre. No recuerdo haber visto a mis padres abrazarse, y recuerdo lo incómodo que me sentía cuando venía a visitarnos algún pariente a quien le gustaba abrazarnos. Antes de casarnos, le dije a Norma: "No esperes que sea uno de esos padres y esposos que se la pasan abrazando, porque yo no soy así." A través de los años tuve que aprender a disfrutar del contacto físico significativo con mi familia.

Recordemos que el contacto físico significativo ayuda a que nuestros hijos sientan que son valiosos para nosotros, a la vez que satisface sus necesidades emocionales, mentales y físicas. Para obtener beneficio del contacto físico, les diría a los padres que deben realizar el esfuerzo consciente de tocar a sus hijos entre ocho y nueve veces por día de una manera que sea significativa para ellos.

La expresión amorosa de apoyo es de vital importancia dentro de la estructura familiar. También es importante recordar que la *actitud* de un padre al expresar su amor es tan importante como *la manera* en que lo demuestra. Hemos discutido las maneras de expresar apoyo a nuestros hijos, y en el siguiente capítulo trataremos específicamente con el segundo factor importante en la crianza de los hijos: el desarrollo de límites firmes y de reglas comprensibles. Al no brindarles a nuestros hijos el equilibrio del amor y de los límites, les estamos robando la plenitud que Dios desea para ellos.

4

Equilibrando el apoyo amoroso por medio de contratos

- *Estableciendo límites por medio de contratos*
- *Nuestros experimentos para hacer cumplir los contratos*
- *Una manera práctica de implementar los contratos familiares*
- *No basta con que confíes, inspecciona*
- *Contratos para las citas con el sexo opuesto*
- *Contratos para conducir*
- *Pautas para el castigo corporal*

Cuando mi hijo Greg tenía unos siete años, sucedió algo realmente raro. Una mañana, me despertó a las 6:15, sacudiéndome sólo a mí como para no despertar a Norma. "Papá, ¿podrías levantarte para leer la Biblia conmigo?", susurró. ¿Qué podía decir? Esta era una oportunidad especial que muy pocos padres pasarían por alto.

Bajamos las escaleras en puntas de pie y Greg se sentó en mis rodillas. Comenzamos a leer, tratando de memorizar los versículos cortos a medida que leíamos. Discutimos lo que significaba regocijarse, dar gracias y orar, y Greg se mostraba muy receptivo. Luego oramos juntos y le dimos gracias a Dios por la habitación desordenada que Greg debería ordenar y por todo el duro trabajo que me esperaba en la oficina. Para entonces, toda la familia se había levantado. Asombrados por lo que vieron, se quedaron unos momentos y tuvimos un breve momento de oración. Luego, todos se dispersaron por la casa y yo me recosté en mi asiento, paladeando el gozo de la "madurez espiritual" de mi hijo.

Una repentina conmoción en lo alto de la escalera hizo añicos mi arrobamiento. Al volver a su habitación, Greg empujó a Kari contra la pared. Ella le devolvió el empujón, y comenzó la pelea. Luego de separar a los combatientes, no podía dejar de preguntarme cómo era posible que esto hubiera sucedido inmediatamente después de una experiencia tan significativa.

Unos días después, mientras daba una conferencia en otra parte del país, relaté esa experiencia. Una mujer de la audiencia se puso de pie y, con mucha gracia, dijo: "No se preocupe. Sus hijos están en una de las tantas etapas por las cuales pasan todos los niños. La habrán superado en unos treinta o treinta y cinco años."

Hemos visto a nuestros hijos atravesar muchas etapas, algunas buenas, otras no tan buenas. Al mirar hacia atrás a estos veinte años de ser padres, Norma y yo hemos llegado a la conclusión de que a través de todas las etapas, el ingrediente más importante que nos ha unido, y que ha "cubierto todos nuestros pecados" cometidos los unos contra los otros, ha sido el valorarnos grandemente. En otras palabras, nos hemos comprometidos a amarnos unos a otros. Uno de los significados de la palabra amor es "adjudicar un gran valor a alguien".

En el capítulo anterior compartimos nuestro deseo de que nuestros hijos sepan cuán valiosos son para nosotros. Tratamos de comunicarles este valor dedicando tiempo para estar con ellos, resolviendo sus conflictos, motivándolos y manteniendo sus espíritus abiertos. Los "escuchamos" manteniendo el contacto visual. Cuando eran pequeños, nos arrodillábamos para estar a su misma altura. Los tomábamos en brazos, los acariciábamos, los abrazábamos, conversábamos con ellos; todo esto para comunicarles el valor que les hemos adjudicado.

Al poco tiempo de habernos casado, Norma y yo tomamos una decisión muy importante que ha afectado todos los aspectos de la crianza de nuestros hijos. Reconocimos que cada uno de nosotros era un individuo, pero que sin embargo cada uno de nosotros era un miembro importante de una unidad. Ambos teníamos habilidades y opiniones valiosas. Pero, en los votos de nuestra boda, nos habíamos comprometido a ser una unidad. Por lo tanto, decidimos luchar siempre para estar de acuerdo.

Nuestra decisión de vivir en armonía no significa que uno de nosotros deba comprometerse o ceder. Más bien, significa que resolveremos nuestros desacuerdos de tal manera que ambos estemos satisfechos. Este compromiso nos ha dado una tremenda fuerza en nuestro matrimonio y en lo que respecta a la crianza de nuestros hijos. Algunas veces nos lleva algún tiempo llegar a una decisión, pero como nos valoramos el uno al otro, estamos dispuestos a trabajar para negociar una solución. Juntos decidimos cuándo comenzaríamos a tener hijos, juntos decidimos los nombres que les pondríamos, y el tipo de entrenamiento que recibirían.

Antes de resolver el tema de cómo disciplinaríamos a nuestros hijos, tuvimos que hacer nuestra propia "tarea". Norma comenzó a leer diversos libros acerca de la crianza de los niños. Entrevistamos a algunos padres que a nuestros ojos tenían familias exitosas. Norma también tomó un curso sobre la crianza de los hijos. Comenzamos a practicar lo que habíamos aprendido. Observamos cuáles de estas ideas parecían dar resultado y cuáles eran aquellas a las cuales los niños no respondían o que perturbaban la armonía de nuestro hogar. A medida que recorríamos este camino, constantemente hacíamos ajustes en nuestras técnicas.

Estudiamos las ideas del doctor Robert Coles, uno de los siquiatras más influyentes de la nación. El enfatiza que los padres parecen haber olvidado que lo que los niños necesitan, probablemente más que ninguna otra cosa, son reglas para la vida que establezcan claramente lo que es correcto y lo que no lo es; reglas prácticas que puedan gobernar la vida diaria.

Leímos una encuesta realizada varios años atrás que entrevistaba a sobresalientes lingüistas, maestros, pastores, evangelistas y médicos. Les preguntaban cuáles habían sido las influencias que les habían conducido a elegir sus vocaciones y por qué habían tenido tanto éxito en sus respectivas esferas de actividad. Todos dijeron que provenían de hogares estrictos en los cuales había límites claramente definidos. Estos tipos de estudio nos animaron a establecer nuestras propias reglas y disciplinas.

Continuamos leyendo estudios que indicaban la necesidad de disciplina y autoridad en la vida de los niños para ayudarles a desarrollarse emocional y físicamente. El saber cuáles son sus límites, les da a los hijos una sensación de seguridad. Gran parte de la seguridad de nuestra vida proviene del orden y de la regularidad. Sentimos una relativa confianza al atravesar la intersección de dos calles cuando está la luz verde, porque sabemos que es la luz roja la que detiene el tránsito. Los límites están por todas partes a nuestro alrededor. Sabemos que si compramos una manzana en una verdulería, no ha sido inyectada con un veneno mortal. Tenemos la confianza de que la silla en la que estamos sentados no se romperá, que las paredes de nuestro hogar no se vendrán abajo y que las ruedas de nuestro auto, si las cuidamos adecuadamente, contendrán el aire, porque existen reglas y límites que regulan la calidad de estas cosas. La inconsistencia trae inseguridad.

Leímos el libro *Between Parent and Child* (Entre padre e hijo) del doctor Haim Ginott, quien está de acuerdo en que los hijos necesitan un sentido definido de los límites. Necesitan saber qué es lo que está bien y qué es lo que está mal. El doctor Ginott afirma que una de las filosofías que más ha dañado a los padres ha sido el sicoanálisis de Freud. Freud perpetuó la idea de que: "Hoy soy lo que soy por la forma en que mis padres fueron conmigo." Los padres modernos sienten inseguridad con respecto a cómo criar a sus hijos. Tienen temor de que sus equivocaciones tengan consecuencias muy costosas. Es por eso que un padre puede experimentar una especie de parálisis cuando se trata de establecer límites. El doctor Ginott nos obligó a examinar lo evidente: existen ciertos límites correctos e incorrectos para el comportamiento de los niños. Esto puede resultar tan simple como: "Puedes golpear a tu hermano con una almohada, pero no con un martillo." Tal vez esto parezca demasiado simple, pero una y otra vez leímos que *es posible, correcto y esencial que los padres establezcan claramente cuál es el comportamiento aceptable y cuál es el inaceptable en sus hijos.*

El doctor Howard Hendricks, profesor del Seminario Teológico de Dallas y autor del libro *Heaven Help the Home* (Que Dios ayude a los hogares), dice que los padres necesitan establecer algunas prioridades y objetivos claros para sus hijos. "Sólo puedes alcanzar aquello a lo que aspiras", dice el doctor Hendricks. "Si no aspiras a nada, no lograrás nada." Lo mismo sucede en cuanto al establecer límites. Si no tenemos límites claramente definidos, y si cambiamos la forma en que disciplinamos todas las semanas, no sabremos qué es a lo que aspiramos, o qué es lo que deseamos conseguir con nuestra disciplina.

Estableciendo límites por medio de contratos

Si es tan importante establecer límites, ¿de qué manera pueden comenzar los padres?

Para nosotros fue importante tener una *base* para decidir lo que es correcto y lo que es incorrecto. En nuestra familia, la mayor parte de esa base proviene de lo que la Biblia dice acerca de cómo vivir. Cuando nuestros hijos eran muy pequeños, nos dimos cuenta de que era muy importante dejar bien en claro lo que creíamos que eran límites familiares importantes. También estábamos preocupados por las cosas simples, tales como la cortesía y los modales para comer.

Cuando comenzamos a seleccionar los límites familiares, vimos que no sólo era importante establecer límites claros, sino que también debían ser muy pocos. De nuestros estudios, sacamos dos conceptos fundamentales. Estos son los dos conceptos que Jesús marcó como los mandamientos más grandes de la vida.

En primer lugar, debíamos establecer una relación significativa con Dios. Esto incluye una comprensión de lo que él enseñó acerca de sí mismo en la Biblia, y también de cómo relacionarnos con él. Norma y yo estuvimos de acuerdo en que nuestra relación con Dios era el elemento más importante de nuestra vida, y deseábamos que nuestros hijos también tuvieran una relación con él.

El segundo concepto se desprendía del primero. Debíamos amar y valorar a las personas en la misma medida en que nos valoramos a nosotros mismos. Dios le dio a Moisés diez mandamientos muy específicos y claramente definidos. Cada uno de estos diez mandamientos está basado en los dos establecidos por Jesús en el Nuevo Testamento: *valorar a Dios y al prójimo*. Jesús dijo que si una persona obedecía estos dos mandamientos, naturalmente obedecería todos los demás mandamientos de la Biblia. Los límites que establecimos estaban basados en esos dos principios.

Cuando nuestros hijos tenían alrededor de tres años, nuestros primeros límites sencillos fueron:

1. Obedeceremos a Dios cumpliendo lo que dice la Biblia.
2. Obedeceremos a papá y a mamá.
3. Seremos amables con las personas y cuidaremos las cosas (la creación de Dios).

Con la primera regla, deseábamos enseñarles a nuestros hijos que nosotros, como padres, no somos la autoridad final. Existe una autoridad superior. Les explicamos que deseábamos tener estos límites en nuestra casa porque así honraríamos a Dios. Estos eran sus mandamientos, no los nuestros. Cuando nuestros hijos nos obedecían a nosotros, obedecían a Dios.

El tercer límite surgía, naturalmente, de los dos primeros: ser amables con las personas y cuidar las cosas. No deseábamos que los niños utilizaran nombres desagradables para hablar entre sí, o que hicieran algo que le restara valor a otro niño. También deseábamos que aprendieran que sus hermanos, hermanas y compañeros de juego eran valiosos porque Dios los había creado. Cuando los niños crecieron y tenían seis o siete años, comenzamos a revisar y a añadir algunos límites. Incluimos a nuestros hijos en este proceso y finalmente, años más tarde, los cinco estuvimos de acuerdo en seis límites que hasta el día de hoy están en vigencia en nuestro hogar.

Todo nuestro contrato está basado en límites que hemos sacado de la Biblia. Regularmente les recordamos a nuestros hijos que éstos son los límites de Dios para nuestra familia. Mientras ellos se comportan de acuerdo a este contrato, saben que están obedeciendo a Dios, porque es el proceso de aprendizaje de Dios, no el de nosotros.

1. Aprender a obedecer a los padres.

2. Aprender a guardar las cosas luego de haberlas usado.

3. Aprender a realizar las tareas que nos corresponden en el hogar (responsabilidad).

4. Aprender a tener buenos modales y a ser responsables con los demás.

5. Aprender a cuidar la creación de Dios: las personas y las cosas.

6. Aprender a incorporar al carácter cualidades apropiadas.

Estos seis límites representaron la copia final de un verdadero contrato escrito que cada uno de nosotros firmó y al cual le pusimos fecha. En un sentido, esto fue como un contrato comercial. Descubrimos que el tener un contrato objetivo y escrito contribuía grandemente a la armonía familiar. Resultaba mucho más sencillo disciplinar a los niños porque simplemente señalábamos el contrato familiar, y ellos estaban mucho más dispuestos a cooperar y a ajustarse a él.

> *Dicho de manera bien sencilla, la disciplina en nuestro hogar consistió en límites claramente definidos para nuestros hijos. Estos límites se convirtieron en nuestro contrato familiar escrito.*

La mayoría de nosotros vivimos en base a contratos, pero muchos de ellos no están firmados o escritos. Los votos matrimoniales y la licencia de conducir son contratos. El realizar cierto trabajo para un empleador es un contrato. Existen contratos que ni siquiera nadie menciona. Por ejemplo, debes mantener la acera frente a tu casa en determinadas condiciones, o de lo contrario los vecinos se quejarán ante las autoridades municipales. Si manejas tu automóvil a ciento treinta kilómetros por hora, descubrirás que existe un contrato con la ciudad que te costará una multa.

La base de un contrato es que todas las partes participan en la negociación del mismo. Todos deben estar de acuerdo con cada punto y con las consecuencias que trae violar esos puntos. Entonces, todos firman el contrato, poniéndose de esta manera bajo su autoridad.

Involucramos mucho a nuestros hijos en la definición de los límites. Por ejemplo, en nuestro primer límite: "Aprender a obedecer a los padres", les preguntamos qué significaba obedecer. Ellos dijeron que significaba dos cosas. En primer lugar, significaba no quejarse. Los ejemplos incluían frases tales como: "¿Por qué tengo que hacerlo? ¿Por qué no lo hace Kari? Siempre me piden a mí. ¿Por qué siempre yo? ¿Por qué no lo haces tú?"

El segundo aspecto de obedecer era no insistir. "Por favor, papá, ¿me das permiso? ¿Sí? Por favor, todos lo hacen. ¿Sólo por esta vez?" La insistencia constante se interpretaba como desobediencia y, por lo tanto, era una violación al mandamiento de obedecer a los padres. Finalmente, ellos nos ayudaron a definir la palabra *obedecer* diciendo: "Sí, lo haré, y sin protestar."

El segundo límite que nos preocupaba a todos era mantener la casa ordenada. La mayor parte del tiempo, la casa era un revoltijo porque los niños dejaban sus pertenencias dispersadas por el suelo. Por la noche, generalmente se veía un camino de ropas y juguetes que iba desde el baño hasta sus dormitorios. Juntos estuvimos de acuerdo en que era demasiado trabajo para mamá andar detrás de ellos recogiendo sus pertenencias. Ellos decidieron que cada persona aprendería a ser responsable por sus cosas.

La tercera limitación era la responsabilidad. Hablamos acerca de la importancia de cada miembro de la familia y de la necesidad de trabajar como una unidad. Todos teníamos responsabilidades. Había que hacer las tareas de la escuela, había que limpiar los cuartos y alimentar a las mascotas. Alguien debía sacar la basura. Estudiar las lecciones de piano formaba parte de las responsabilidades de cada niño. Una vez que establecimos todas las tareas que ayudarían a que nuestro hogar marchara bien, nos pareció que era importante que cada uno de nosotros, como miembro de la familia, tuviera una participación activa. Así que nos dividimos los trabajos. Todo esto formaba parte de aprender a ser responsables y de compartir las cargas.

El cuarto límite era aprender buenos modales. Definimos lo que esto significaba. Durante las comidas, significaba tomar correctamente los cubiertos, usar la servilleta y masticar la comida con la boca cerrada. También existían ciertas responsabilidades para cuando se estaba en lugares públicos. No estaba permitido correr en el supermercado o en la iglesia. Tampoco estaba permitido jugar durante las reuniones en la iglesia. *Comprendimos que nuestro comportamiento en presencia de otras personas reflejaba cuánto las valorábamos.*

El quinto límite se refería a cuidar la creación de Dios: las personas y las cosas. Un aspecto del cuidado de la creación de Dios es el cuidado de nuestro propio cuerpo. Por ejemplo, en las noches de la época de clases, significaba que los niños debían estar en la cama entre las 20:00 y las 21:00 horas, según sus edades. Cepillarse los dientes luego de las comidas era parte de cuidar la creación de Dios, lo mismo que bañarse, lavarse el cabello y vestir ropas limpias y pulcras.

Este límite también incluía preocuparnos por los demás, por ejemplo, hacer preguntas en lugar de discutir. Significaba tratar de comprender realmente a los demás porque lo que ellos dicen es importante. También incluía jugar cuidadosamente, no golpear a alguien con la intención de lastimarlo, no vengarse o llamar a otra persona con nombres degradantes.

Luego de escribir estos primeros cinco límites en un contrato (más tarde discutiremos el sexto), dejamos un lugar para que todos firmaran. Si no eran lo suficientemente grandes como para firmar, hicieron un garabato en el lugar apropiado y luego yo puse la fecha al lado de cada firma. Esto mostraba que todos estábamos de acuerdo en la dirección que tomaríamos como familia. Como involucramos a los niños desde pequeños para que nos ayudaran a escribir estos límites, ellos los consideraban *sus* límites, en lugar de verlos como normas impuestas por sus padres.

Nunca consideramos ligeramente ninguno de estos límites. Deseábamos ver estos cinco sencillos límites como parte de la vida de nuestros hijos. Esto significaba que debíamos pensar en cómo los motivaríamos para cumplirlos, y cuáles serían los mejores métodos para corregirlos cuando se desviaran del camino. Fue entonces cuando comenzó lo divertido. Probamos muchas cosas que no dieron resultado antes de elegir un método que alcanzó nuestro objetivo.

Nuestros experimentos para hacer cumplir los contratos

Hicimos la prueba de azotar a los niños cuando desobedecían alguno de los límites, pero aunque este método es muy útil en la disciplina, a nosotros no nos resultó efectivo para regular nuestro contrato familiar diariamente.

Probamos aprender de memoria los límites. Yo esperaba que luego de saberlos de memoria, los niños naturalmente desearían obedecerlos. No fue así de simple.

Probamos cosas tales como lavarles la boca con jabón cuando se dirigían a otra persona con un nombre degradante. Eso lo intentamos solamente un par de veces porque nos dimos cuenta de que los humillaba. Estábamos violando aquello mismo por lo cual los estábamos castigando.

Probamos el método de restringir sus estipendios semanales y cobrarles multas. Yo tenía una libreta de infracciones, similar a la que usan los policías de tránsito. Cuando ellos quebrantaban alguna de las cinco reglas, yo les escribía una multa. Las multas oscilaban entre los diez y veinticinco centavos, según el grado de infracción. Esto funcionó por un par de días, pero pronto se tornó en una carga para nosotros los padres.

Nuestra lista de experimentos para castigar las infracciones es muy larga. Les hicimos escribir cincuenta veces el límite que habían quebrantado y la manera en que debían cambiar. Esto fue efectivo hasta cierto punto, pero nuevamente, duró sólo unas pocas semanas. Les hicimos hacer ejercicios gimnásticos y correr alrededor de la manzana, pero estos castigos sólo lograron que los niños perdieran peso.

Tratamos de castigarlos dejándolos sin cenar. Los niños pensaron que ésta sería una buena forma de castigo porque les haría conscientes de cuán importantes eran los límites. La primera vez que lo pusimos a prueba, fue también la última. Greg se sentó a cierta distancia de la mesa, con los ojos fijos en la mesa y la comida. En la mitad de la cena, Norma dijo: "Esto es más difícil para mí que para Greg." Para deleite de Greg, le pedimos que se sentara a la mesa con nosotros y le servimos la cena.

Intentamos prohibirles hablar, no dejarlos jugar y obligarlos a permanecer en sus habitaciones. Les quitamos algunas comodidades, no los dejamos salir a acampar, les fijamos prácticas de piano adicionales, y muchas otras cosas más. Al escribir esto me río, porque yo no provenía de un hogar donde se había impuesto la disciplina, y en aquella época había muy poco escrito al respecto, por lo tanto tuvimos que experimentar.

Desafortunadamente, ninguna de esas cosas parecía ayudar a nuestros hijos a vivir con constancia dentro de estos cinco límites. Además, los métodos de corrección nos resultaban difíciles a nosotros como padres. Algunas veces parecía que tratar de mantener en vigencia esas pequeñas reglas era un trabajo de tiempo completo.

En nuestra búsqueda para descubrir de qué manera implementar estas reglas en nuestro hogar, conocimos a un destacado pediatra, el doctor Charles Shellenberger y a su esposa Dorothy. Ellos nos explicaron cómo habían implementado los límites en su hogar de una manera práctica. Esto no solamente fue efectivo, sino que proveyó el elemento que nos faltaba en la enseñanza de nuestros hijos.

Una manera práctica de implementar los contratos familiares

El uso del método del contrato en un hogar es una manera muy efectiva de lograr el equilibrio entre el amor y los límites. Los doctores Barnard y Corrales descubrieron que una familia debe aclarar los límites escribiéndolos en un papel. Antes que alguien esté dispuesto a firmar, generalmente desea comprender por qué lo está haciendo. La pregunta entonces es: ¿Cómo implementar el contrato a diario?

Aquí fue donde el doctor Shellenberger nos ayudó mucho. El nos enseñó que este proceso tiene tres partes:

1. *Establecer límites claramente definidos escribiendo un contrato.*
2. *Supervisar regularmente el cumplimiento de esos límites.*
3. *Tratar la rebeldía suprimiendo privilegios.*

El número tres era el ingrediente que nos faltaba. Nosotros habíamos establecido límites y habíamos escrito los contratos, pero no habíamos incorporado de una manera práctica en dichos contratos las consecuencias de la violación a alguno de sus puntos. Por lo tanto, nos reunimos nuevamente toda la familia y modificamos el contrato. Desde 1977, a pesar de que nuestro contrato ha sido enmendado varias veces, el contenido es básicamente el mismo.

En primer lugar, negociamos nuestro contrato familiar más o menos de la siguiente forma:

Bosquejo #1

Límites familiares

1. *Aprender a obedecer a los padres*
   Responder inmediatamente: "Sí, papá/mamá", y cumplir con lo requerido en el mismo momento.
   - No quejarse: "No deseo hacerlo." "¿Tengo que hacerlo?" "¿No lo puede hacer otro?" "Esto no es justo."
   - No insistir: "Por favor, por favor, ¿podemos hacerlo?" "¿Puedo ir, mamá? ¿Puedo ir? ¿Sí?"

2. *Aprender a guardar las cosas luego de haberlas usado*
   - Los juguetes en el armario o en el garaje
   - La ropa en el canasto de la ropa "sucia" o colgada en su lugar
   - Las toallas en el toallero
   - Tener un lugar para cada cosa y cada cosa en su lugar
3. *Aprender a hacer nuestras tareas*
   - Ordenar el cuarto antes de ir a la escuela
   - Poner los platos sucios en la pileta luego de comer
   - Al regresar de la escuela: realizar las tareas y estudiar piano antes de ir a jugar; sacar la basura los martes y viernes; alimentar a los gatos; entrar el periódico
   - Realizar tareas especiales cuando papá y mamá necesitan ayuda
4. *Aprender a tener buenos modales*
   - Durante las comidas: caminar (y no correr) hasta la mesa, no poner los codos en la mesa, no hablar antes de orar. Masticar con la boca cerrada y decir: "Kari, por favor pásame _____."
   - Cuando otros están conversando, esperar una pausa en la conversación y decir: "Perdón, papá, podría _____?"
   - Cuando no estamos de acuerdo con alguien, no refutarlo, sino más bien tratar de aprender y preguntar: "¿Qué fue lo que dijiste?" O: "Yo siempre pensé que _____."
5. *Aprender a cuidar la creación de Dios: las personas y las cosas*
   Las personas (uno mismo):
   - Bañarse a las 20:30, cepillarse los dientes, dejar preparadas las cosas para la escuela, leer, escuchar alguna historia
   (Otros)
   - Preguntar, no discutir
   - Jugar amablemente, no bruscamente
   - Orar por nuestros "enemigos", no golpearlos
   - Ser amables y sensibles. No poner sobrenombres (el amor y la amabilidad son dones de Dios, y él cambia nuestro corazón)
   Las cosas:
   - Proteger la casa y los muebles. No saltar ni jugar sobre las sillas, las camas, etc. No arrojar pelotas dentro de la casa ni contra la casa ni trepar a los árboles pequeños.

En segundo lugar, decidimos como familia cuáles serían los privilegios que perdería cada miembro cuando se violaran los límites. Los niños tenían docenas de ideas: no jugar, no mirar la televisión, no salir a comer afuera, no comer postres, no salir con amigos, no usar el teléfono, quedarse sin cena durante un mes. Algunos de estos castigos eran mucho más duros de lo que nosotros como padres hubiéramos podido pensar. Luego de realizar una lista de unos treinta o cuarenta privilegios perdidos, repasamos la lista y nos pusimos de acuerdo en que la transgresión de cada uno de los cinco límites, traería como consecuencia la pérdida de un privilegio durante veinticuatro horas. Este segundo bosquejo quedó así:

Bosquejo #2

Nuestros límites familiares

Responsabilidades	Privilegios perdidos por 24 horas
1. *Obediencia*: Obedecer a papá y a mamá: no quejarse, no discutir o insistir.	Jugar con sus jugetes
2. *Limpieza*: Ordenar el cuarto cada mañana; guardar los juguetes u otros objetos.	Mirar televisión
3. *Tareas*: Cortar el césped una vez por semana; sacar la basura una vez por semana; estudiar piano a las 17:30.	Merienda cuando llegan de la escuela
4. *Modales*: En las comidas, en la iglesia y en los paseos.	Salir a comer con la familia la próxima vez

5. *Cuidados*: Acostarse a horario, cepillarse los dientes, ser amables con las personas y con las cosas (la creación de Dios). No burlarse o darse golpes o discutir.

Ver a los amigos

Firmado: _____   Fecha: _____

En este bosquejo podemos ver que cuando cualquiera de nuestros hijos violaba uno o más límites, podía perder su derecho a jugar con sus juguetes o la oportunidad de mirar televisión durante veinticuatro horas.

Dedicábamos unos diez o quince minutos cada noche después de la cena para evaluar cómo iba cada uno en las cinco esferas. Guardábamos este bosquejo en la cocina. Estaba cubierto de plástico para que pudiéramos marcarlo con un lápiz de cera y borrarlo a la noche siguiente. También utilizábamos este tiempo para corregir a nuestros hijos en lugar de corregirlos durante el día, a menos, por supuesto, que hubieran cometido una ofensa muy seria, en cuyo caso lo hacíamos inmediatamente.

Bosquejo #3

Responsabilidades

	Kari	Greg	Mike	Privilegio perdido
1. Obediencia	____	____	____	juguetes
2. Limpieza	____	____	____	televisión
3. Tareas	____	____	____	merienda
4. Modales	____	____	____	comidas afuera
5. Cuidados	____	____	____	amigos

La responsabilidad es una decisión diaria.

Este bosquejo nos ayudó a mantener en vigencia nuestro contrato. Cada noche, cuando nos reuníamos despés de la cena, lo revisábamos con nuestros hijos. Por ejemplo, si Greg no había sido responsable con sus tareas del día, marcábamos una "x" en el lugar correspondiente, y por lo tanto, al día siguiente no podría tomar una merienda al regresar de la escuela. Podría utilizar ese tiempo para ponerse al día con sus obligaciones.

No basta con que confíes, inspecciona

Durante tres años, nos encontramos todas las noches luego de la cena, aplicando el viejo proverbio de Henry Brandt: "Las personas no hacen las cosas cuando tú esperas que las hagan, sino cuando inspeccionas." Nosotros inspeccionábamos y evaluábamos su comportamiento cada día. Luego de tres años, no nos reunimos más diariamente, porque los límites se habían convertido en una parte regular del comportamiento de nuestros hijos. Sin embargo, el contrato todavía sirve como nuestra Constitución Familiar. Está abierto a enmiendas, pero podemos reformarlo sólo si los cinco estamos de acuerdo en el cambio que se realizará.

En la medida en que nuestros hijos entraron en la adolescencia, escribimos contratos separados para incluir esferas más específicas, particularmente las citas y el uso del automóvil.

Esto nos lleva al sexto y último límite: el desarrollo del carácter. Añadimos esto cuando nuestros hijos tomaron más conciencia del sexo opuesto. Estuvimos de acuerdo que en lugar de establecer una edad específica en la cual pudieran comenzar a salir con acompañantes del sexo opuesto, deseábamos ver cierto nivel de madurez en su carácter. Para definir esto, nuevamente recurrimos a la Biblia. Las pautas de madurez que pusimos provenían de las nueve cualidades que se describen en Gálatas 5:22, 23, las ocho bienaventuranzas (Mateo 5:3-10), y la actitud de Cristo narrada en Filipenses 2:5-8. Mencionaremos algunas de las esferas principales que discutimos con nuestros hijos.

La primera esfera de importancia era que pudieran resistir la presión y no comprometer los valores que consideraban importantes. Norma les dio un ejemplo relatando la historia de una de sus primeras salidas cuando se encontraba en la escuela secundaria.

Había salido junto con una amiga, y ambas se habían puesto de acuerdo en no permitir ningún contacto físico en la primera cita. Norma contó que repentinamente, levantó la vista y vio a su amiga en los brazos de su nuevo amigo. Esto la puso bajo presión. Su amigo comenzó a perseguirla, pero Norma dijo "¡No!" Cuando él se enojó, Norma le dijo que la llevara a su casa, o de lo contrario ella se iría caminando. Esto requirió mucha entereza de parte de Norma.

Un adolescente debe tener mucho valor para hacer valer sus principios en tales situaciones. Pero ésa era la clase de cualidad de carácter que deseábamos ver en nuestros hijos antes de pensar que estaban maduros como para tener citas.

Otra cualidad interior que nos parecía importante, es lo que la Biblia llama ser "puros de corazón". Esto significa saber con exactitud qué es lo más importante en la vida. Deseábamos que nuestros hijos comprendieran que tener una relación sólida con Dios es esencial para establecer buenas relaciones con las personas.

La Biblia posee ciertas normas que nos conducen a una vida feliz. Sus límites no tienen como propósito privarnos de la felicidad, sino más bien guardarnos de ciertas actividades que pueden robarnos el gozo y la paz. Por ejemplo, la Biblia nos da varias consecuencias de la relación sexual prematrimonial. Les hemos enseñado a nuestros hijos que las acciones sexuales que van desde las caricias hasta el acto sexual en sí, previos al matrimonio, o luego del matrimonio con alguna otra persona que no sea nuestro cónyuge, tienen varias consecuencias negativas. Juntos, descubrimos en estudios tanto religiosos como seculares, por lo menos veinte consecuencias negativas del sexo prematrimonial. He aquí algunas de ellas:

- Inmediatamente aumenta nuestro deseo por una satisfacción sensual mayor y más frecuente.
- Refuerza nuestra naturaleza egoísta. Como dicen las Escrituras, hace que tengamos un corazón duro. Nos tornamos menos sensibles a las necesidades de aquellos que nos rodean, porque dedicamos más tiempo a la búsqueda de maneras de satisfacer nuestras necesidades sensuales. Se crea una tendencia a mirar la vida como un medio para estimular nuestros propios sentidos en lugar de vivir para amar a los que nos rodean.

- La inmoralidad también reduce nuestra fe en Dios, porque cuanto más violamos los límites de Dios, más debemos racionalizar que "Dios no existe" o que sus leyes no poseen validez. Esto puede conducirnos a dudar del Creador de esos límites. He observado que aquellos que practican una vida inmoral tienen más y mayores dudas acerca de la existencia de Dios.

- La "libertad" sexual o promiscuidad realmente puede conducirnos a la esclavitud; puede hacernos esclavos de nuestros sentidos. Cierta marca de cigarrillos posee un lema que dice: "Fuma este cigarrillo. Satisface." Esta es una manera astuta de tergiversar el sentido de la palabra *satisfacer*. ¿Alguna vez has conocido a un fumador que pueda fumar un solo cigarrillo y quedar satisfecho? Necesita otro, y luego otro más. Lo mismo sucede con la inmoralidad sexual.

Hay tantas mentiras que circulan por el mundo. Nos dicen que vivimos en una era de "libertad" sexual. La palabra *libertad* implica la oportunidad de experimentar contactos sexuales antes y después del matrimonio con diversas personas. Miremos simplemente la inconsistencia de la afirmación: "Somos libres para hacer el amor." Hacer el amor implica involucrarse sexualmente, y cuanto más involucrados estamos, más perdemos la libertad de controlar nuestros deseos y más nos esclavizan nuestros sentidos. Es importante que los hijos comprendan estas consecuencias de la inmoralidad. Aunque tengan impulsos sexuales fuertes y normales, deben ejercitar la habilidad de decir "no" para su propio beneficio y para la consumación de relaciones amorosas y duraderas.

Contratos para las citas con el sexo opuesto

La primera parte de nuestro contrato con respecto a las citas con el sexo opuesto trata con el carácter del hijo. La segunda parte trata con las citas en sí. He aquí algunos elementos adicionales en este contrato.

Con los primeros años de citas, evaluamos cada situación de acuerdo a su propio mérito, pero aprobamos especialmente aquellas actividades escolares, bien organizadas que contaron con adecuada supervisión. En segundo lugar, cada miembro de la familia debía aprobar al joven o a la joven que quería salir con uno de nuestros hijos. Esto ha sido una salvaguarda muy efectiva destinada a proteger contra posibles relaciones dañinas. Es el reflejo de una familia fuertemente unida, en la cual cada uno se preocupa por el bienestar del otro.

También conversamos y establecimos un horario para llegar de las citas. Cuanto más pudiéramos confiar en el autocontrol y la pureza de corazón de un hijo, tanta más libertad le daríamos. De la misma manera, si se quebrantaba o violaba alguna de las cualidades de carácter, entonces el privilegio de las citas podía perderse por un período acordado. Por ejemplo, si alguno de nuestros hijos miente con respecto a alguna actividad, aunque no tenga nada que ver con las citas, puede perder el privilegio de salir acompañado por una semana o dos, según sea la gravedad de la ofensa.

Todos estuvimos de acuerdo con este sencillo contrato para las citas, y a medida que los hijos sigan creciendo, lo continuaremos evaluando. Probablemente lo revisaremos algunas veces, y animamos a las demás familias a que hagan lo mismo. Permanezcan actualizados en lo relativo a la enseñanza y corrección de los hijos.

Contratos para conducir

Conducir un automóvil es otro privilegio que llega con la edad y con el desarrollo del carácter. Aun antes que nuestros hijos fueran lo suficientemente grandes como para conducir, nos pusimos de acuerdo como familia en el siguiente contrato:

1. Luego de recibir mi permiso de conducir (que se saca antes de la licencia en sí), me permitirán conducir acompañado por alguno de mis padres. Cuando haya que conducir durante muchas horas, como en las vacaciones familiares, voy a ayudar a conducir en todo tipo de camino y circunstancia.

2. Antes de utilizar el auto, le preguntaré a papá y a mamá si puedo usarlo y les explicaré para qué lo necesito.

3. Si deseo ir a algún lado solo, primeramente debo comple-

tar mis tareas escolares, la práctica de piano y las otras tareas en la casa.

4. Durante el primer mes luego de recibir mi licencia para conducir, no escucharé la radio mientras conduzco.

5. Durante el año escolar, me permitirán utilizar el automóvil en las actividades nocturnas, pero no podré llevar a nadie a su casa sin permiso.

6. No permitiré que ninguna otra persona maneje el automóvil sin permiso de mis padres.

7. No llevaré más de cinco pasajeros por vez.

8. No llevaré a ningún desconocido que me lo solicite, bajo ninguna circunstancia, y tendré sumo cuidado en aceptar ayuda si tengo dificultad con el auto.

9. Cuando mis calificaciones estén por debajo de una B, pagaré la mitad del aumento del seguro por agregar mi nombre. En caso de accidente, me haré responsable por la mitad de lo que deduce la compañía de seguros.

10. Si recibo alguna multa por haber transgredido las leyes del tránsito, no podré conducir por un mes. A la segunda infracción, no podré conducir por tres meses.

Nos llevó varias semanas negociar este sencillo contrato, y nuestros hijos firmaron luego de haberlo revisado varias veces. Por cierto, estamos abiertos a futuras revisiones, pero nuevamente cualquier cambio que se introduzca deberá contar con el acuerdo y la aprobación de todos nosotros.

Pautas para el castigo corporal

Nuestro contrato final tiene que ver con la importante esfera del castigo corporal. La mayoría de las violaciones de nuestros límites son castigadas mediante la pérdida de algún privilegio, pero es parte de nuestro contrato escrito que utilizaremos los azotes si alguien muestra rebeldía, especialmente si desafía abiertamente a sus padres.

El castigo corporal puede ser muy efectivo para corregir la rebeldía, pero tal como dice el doctor Armand Nicholi, el problema principal que presenta es que puede ser una manera en la que el padre descarga su frustración, su culpa o su ira. De esta manera, beneficia más al padre que al hijo. El le advierte a los padres que se pregunten a sí mismos quién se beneficiará más con el castigo corporal. Este se puede usar cuando se quebranta un límite, pero debe aplicarse con mucho cuidado.

También he visto la efectividad del castigo corporal en una escala decreciente. Es más efectivo con los niños preescolares, pero debería utilizarse muy rara vez luego de los trece años. Si entonces se necesitan algunos azotes, esto debe tomarse muy seriamente, para no cerrar el espíritu del hijo. Generalmente la pérdida de privilegios es más efectiva en el caso de hijos mayores.

Antes de redactar nuestros contratos, descubrimos que la mayoría de las palizas en nuestra casa tenían lugar antes de las comidas. Generalmente éste es el tiempo más difícil porque todos estamos cansados y hambrientos. Los niveles de azúcar de nuestro cuerpo están bajos. Los hijos se ponen impacientes, revoltosos y el aroma de la comida aumenta la tensión. En esos momentos pueden suceder muchas cosas que inciten a los niños a desobedecer. Descubrimos que yo podía reducir en parte esta tensión, simplemente estando más tiempo con ellos cuando volvía a casa del trabajo.

También les permitimos a nuestros hijos que llamen a una "corte de justicia" si creen que la disciplina de los azotes es injusta. Pusimos esto en práctica luego de que Greg empujó un plato con un emparedado y algunas papas fritas sobre la mesa de la cocina. El plato golpeó a Kari en el pecho y la comida se esparció sobre ella y también cayó al suelo. Inmediatamente tomé a Greg del brazo y le dije: "Te voy a dar una paliza." El trataba de decirme que no había sido su culpa y Kari intentaba intervenir, pero yo no presté atención.

Fue después de haber azotado a Greg que comprendí lo que había sucedido. Yo no sabía que Norma le había pedido a Kari que le prepara un emparedado a Greg, pero él dijo que no tenía hambre. Kari respondió: "Mamá me dijo que te lo prepara, así que te lo comerás, te guste o no." El se lo devolvió. El plato pasó del uno al otro por lo menos tres veces más. Yo entré en la cocina justo cuando Greg devolvía el emparedado en completa frustración.

Si me hubiera tomado el tiempo para averiguar los hechos, no lo hubiera castigado. Comenzamos a poner en práctica la alternativa de la corte para evitar errores similares. El defensor puede llamar a toda la familia, inclusive puede llamar a algún testigo o traer a un amigo para que actúe como abogado si desea presentar su caso para exponer por qué cree que no merece la paliza. Cuando se han recogido todos los hechos, nos reunimos alrededor de la mesa y le pedimos a cada miembro de la familia que dé su veredicto. Si todos votan que es "culpable", le preguntamos a la persona acusada qué es lo que piensa. Todas las veces que hemos hecho esto, el culpable ha estado de acuerdo con los demás, admitiendo su culpa.

A continuación presentamos diez factores que deben considerarse cuando utilizamos los azotes como método de corrección:

1. Da un aviso bien claro antes de castigar. Los niños necesitan entender por qué se los azota. Nosotros les hemos dicho a nuestros hijos que deben mostrar señales muy obvias de rebelión contra reglas establecidas, para recibir una paliza. Por ejemplo si lastiman físicamente a otro o si uno de nosotros les dice que no hagan algo y ellos responden que no les importa y lo hacen de todas maneras.

2. Establece la responsabilidad del hijo por su desobediencia. Cuando un hijo desobedece luego de haber recibido las instrucciones y las advertencias, debe asumir la responsabilidad por su desobediencia. Les preguntamos a nuestros hijos *qué es lo que han hecho* para que vean por ellos mismos que han violado nuestros límites familiares. Algunas veces les lleva algún tiempo admitir que se han equivocado. Tal vez él o ella acuse a otra persona o trate de justificar su comportamiento. Debemos insistir con nuestra pregunta hasta que admita que lo que ha hecho está mal.

3. Evita el bochorno y las intervenciones de otras personas. Cuando azotas o corriges a un hijo, asegúrate de estar a solas con él, especialmente cuando la falta del niño sucede en público. Si un padre trata de solucionar un problema frente a los amigos del hijo e intenta corregirlo, el niño se preocupará más por su reputación que por la ofensa que ha cometido. Una corrección así desmoraliza al niño y puede cerrar su espíritu. También puede motivarlo a que piense en maneras de justificar su acción delante de aquellos que vieron cómo lo castigaban, para que estén de su lado.

4. Comunícale el dolor que sientes como padre ante la ofensa. Esto es importante porque hace que el hijo y el padre reflexionen sobre lo que ha sucedido. Además les da la oportunidad de calmarse. El principal objetivo de esto es llevar al hijo a un sincero arrepentimiento, a tal punto que desee la corrección.

5. *Asocia el amor con la paliza.* Es importante explicarles a los hijos el viejo adagio que dice: "Esto me duele más a mí que a ti." Muchas veces mis hijos se han preguntado en cuanto a esto, pero es verdad.

Una vez cuando iba a azotar a Kari, ella trató de zafarse. Prometió no volver a cometer aquella ofensa nunca más. Me rogó que no la azotara. Decidí aprovechar aquella oportunidad para ilustrarle un ejemplo de verdadero amor y sacrificio.

Le conté cómo Cristo al morir en la cruz había pagado la sentencia por nuestros pecados. Luego le dije que deseaba mostrarle un pequeño ejemplo de lo que Jesús había hecho. Yo le iba a permitir que ella me azotara a mí.

"Alguien será azotado hoy", le dije. "Pero yo voy a recibir el castigo por ti, porque te amo y quiero que sepas que no te azoto para lastimarte. Lo hago porque pienso que lo que hiciste estuvo mal y deseo corregirlo."

Kari dejó de llorar; sus ojos se iluminaron y me miró como diciendo: "¿Hablas en serio?" Le dije que hablaba en serio, le di la regla y me acosté en la cama tal como le había pedido a ella que lo hiciera. Pero cuando ella lo intentó, no pudo hacerlo. Le dije que estaba bien, pero que si ella no deseaba azotarme, yo la azotaría a ella. Rápidamente dijo que pensaba que podría hacerlo. Luego de una larga lucha, ella me dio un buen azote. Me dolió. Yo me levanté y ella me dio un fuerte abrazo, tal como hacíamos nosotros luego de azotarlos. Esto sucedió sólo una vez, pero le ayudó a Kari a comprender lo que sentíamos sus padres.

6. *Utiliza un objeto para azotar.* Es importante que se utilice un objeto para azotar, porque el niño tiene la tendencia a asociar el dolor con el objeto que se utiliza para castigarlo. Si un padre utiliza su mano, el niño puede sentirse incómodo cuando esa misma mano se utiliza para acariciarlo o abrazarlo, especialmente si se lo castiga con ira. Hemos descubierto que resulta muy efectivo utilizar un regla delgada que toda la familia ha decorado. La llamamos la "maestra". El uso de la "maestra" también ayuda a calmar los ánimos porque generalmente lleva unos minutos encontrarla.

La primera vez que usé la "maestra", fue cuando Kari tenía alrededor de tres años. Saltó sobre la cama y comenzó a gritar. Cuando me acerqué, saltó detrás de la cama y luego se escondió debajo de la misma. Con calma, le dije que la iba a continuar castigando hasta que dejara de portarse mal.

Finalmente, se acostó en la cama y le di un azote. Entonces comenzó a saltar nuevamente en la cama y a gritar. Le dije que se acostara hasta que yo hubiera finalizado. Entonces se acostó nuevamente y le di otro azote. Nuevamente, se incorporó y comenzó a gritar. Yo permanecí *calmo* pero *firme*, y este proceso se repitió tres veces más. Finalmente se dio cuenta de que mi intención era seria y se quedó quieta. Kari nunca volvió a saltar como aquella vez porque sabía que no ganaría nada.

De este episodio, ambos aprendimos que la corrección puede revelar el nivel de resistencia de un hijo. La corrección persistente puede quebrar la testarudez, lo cual nos lleva al séptimo punto acerca del castigo corporal.

7. *Disciplina o azota hasta que se haya quebrado la voluntad.* Es muy importante que no azotemos a nuestros hijos con dureza o con ira, aunque para esto sea necesario dejar pasar unos momentos para enfriarnos. Debemos tomarnos el tiempo para comunicarles amor, pero también debemos comunicarles que les vamos a azotar hasta que comprendan que lo hacemos en serio. Si azotamos a nuestros hijos con ira, probablemente quebremos sus espíritus, lo cual es peor que no azotarlos.

Una vez, cuando Greg se encontraba en el séptimo grado, atravesó por un período en el cual acusaba a la maestra, a su madre o inclusive a la hora del día, por una mala calificación. Todas las personas y las cosas tenían la culpa, menos él. Traté de hablar con Greg acerca de la importancia de asumir la responsabilidad y de no acusar a aquellos que lo rodeaban. El desenlace ocurrió cuando deliberadamente, Greg me dijo: "Papá, no es mi culpa. Es culpa de ellos." Me habló de una manera muy irrespetuosa. Entonces lo azoté. Luego de cinco minutos, después de haberlo azotado y abrazado, Greg me dijo: "Papá, gracias por azotarme. Sabes, puedo ver que realmente es mi culpa." Luego se sentó, tomó sus libros y comenzó a estudiar. Pude ver esta limpieza en su vida porque había sido corregido con firmeza y su obstinada voluntad se había quebrado.

8. *Consuela al niño luego de haberlo azotado.* Kari y Mike casi siempre recurren a mis brazos para recibir un abrazo después de haberles azotado. Pero a Greg, algunas veces le llevaba una o dos

horas hasta dejarse tocar. En una oportunidad, Kari y Greg pidieron que los azotara en la misma habitación, al mismo tiempo. Deseaban estar juntos para consolarse mutuamente. Se abrazaron antes de recibir la paliza y se preguntaron quién deseaba ser el primero. Ambos recibieron su castigo y lloraron, y luego todos nos abrazamos. El abrazo confirma nuestro amor por el niño.

9. *Conversa acerca de cualquier restitución que sea necesaria.* Si un hijo le pega al vecino, es importante que discutas la manera en la que debe ir a pedirle perdón. O si le robó dinero a alguien, puedes discutir con el hijo la manera de restituirlo.

10. *Evalúa tu corrección y la respuesta de tu hijo a la misma.* Si te has equivocado con tu hijo de una forma u otra (ya sea que lo hayas acusado, te hayas enojado, o lo hayas avergonzado atacándolo a él en lugar de a su mal comportamiento), es importante que te acerques a él y sigas los pasos para abrir su espíritu. Esto debe hacerse cuando tanto el padre como el hijo se hayan calmado emocionalmente y puedan evaluar más objetivamente lo que sucedió. Los niños poseen un profundo sentido de la justicia y son muy sensibles a las ofensas de sus padres. Una de las acusaciones más comunes que tienen los hijos contra sus padres es que éstos casi nunca admiten cuando se equivocan. Este orgullo dificulta las correcciones futuras, porque puede hacer que el espíritu del hijo se cierre.

La peor experiencia que tuve con respecto al castigo corporal tuvo lugar cuando Greg tenía unos dos años y yo traté de quebrar lo que parecía ser su "obstinada voluntad". Yo no lo azoté lo suficientemente fuerte como para lastimarlo físicamente, pero persistí varias veces, tratando de "quebrar su voluntad". Mientras continuaba, pude percibir su temor, su frustración e incapacidad para explicarse. Finalmente me detuve dolorido y lo tomé en mis brazos, procurando que me perdonara porque podía ver cómo crecía en su interior el resentimiento hacia mí. Esperamos hasta que tuviera casi tres años antes de darle otra paliza. Me pareció que antes no era lo suficientemente grande como para beneficiarse por medio del castigo corporal. Para nosotros como padres fue, y todavía sigue siendo, más importante tener una relación amorosa y cálida con nuestros hijos que tener una estricta atmósfera "militar" en el hogar. Ser estrictos es importante, pero yo diría que en la crianza de los hijos el énfasis debería estar en un 45% en ser estrictos con nuestros límites y en un 55% en una relación de amor.

Junto con el amor incondicional y el apoyo que les brindan a los hijos, los padres exitosos deben equilibrar este amor estableciendo reglas y límites claramente definidos. Esta es la esfera en la cual todos tenemos mucho que aprender. Lo que acabo de compartir en este capítulo se ha desarrollado a través de años de pruebas a base de eliminación de errores.

La paternidad no es algo que hacemos una vez, nos sacamos un "sobresaliente" y se terminó. Sería lindo que fuera así de fácil. Debemos continuar aprendiendo una y otra vez. Un jugador de fútbol que se llama Jim Zorn, me dijo que todos los años los zagueros de su equipo toman lecciones durante dos semanas en las cuales repasan las jugadas fundamentales de su posición. Luego durante el entrenamiento en el campo, practican esas mismas técnicas una y otra vez. Esto mismo debería suceder con los padres. Necesitamos aprender, revisar, practicar y volver a aprender las bases de la crianza de hijos. Norma y yo todavía estamos aprendiendo. Nuestros hijos tienen diez, quince y diecisiete años respectivamente, pero nos hemos comprometido a seguir aprendiendo hasta que sean adultos. Entonces nos preocuparemos por comenzar a leer, estudiar y aprender de qué manera los abuelos pueden enriquecer la vida de sus nietos. Confiamos en seguir aprendiendo siempre.

5

Tres maneras poderosas de motivar a los hijos

- *Utilizar la inclinación natural del niño*
- *Utilizar el principio de la sal*
- *Utilizar metáforas que comparan las emociones con una experiencia*

Corría el año 1957 en la ciudad de San Francisco. Un niño alto y delgado de diez años estaba aguardando para escabullirse al interior del Estadio Kaiser. Había esperado todo el año para ver ese partido entre los equipos de San Francisco y Cleveland. Esta sería su oportunidad de ver a su ídolo, Jimmy Brown, el jugador que había batido casi todos los récords de yardas corridas con la pelota en la Liga Nacional de Fútbol. El sabía que hacia el final del tercer tiempo, el cuidador de la entrada se iría y él podría entrar desapercibido. Ni siquiera eso era sencillo para él porque tenía dificultades para caminar. Criado en un ghetto, la malnutrición había dejado sus señas, y sus piernas eran débiles y encorvadas. Usaba unos aparatos de hierro en las piernas para caminar.

Luego de entrar al estadio, se paró justo en el medio de la entrada del túnel de los jugadores, donde esperó pacientemente que finalizara el partido. Cuando se escuchó el disparo final, el debilucho muchacho luchó por pararse lo más alto que podía para no perder ese momento. Finalmente, vio a Jimmy Brown caminando hacia él. Cuando pasó delante de él, el muchacho le alcanzó un pedazo de papel y le pidió amablemente que le firmara un autógrafo. Brown lo firmó y luego se dio vuelta para dirigirse a los vestuarios. Pero antes que pudiera continuar su camino, el muchacho lo tomó de la camiseta. El gran jugador se dio vuelta y se encontró con esta orgullosa confesión: —Señor Brown, tengo su foto en la pared de mi cuarto. Nosotros no tenemos televisor, pero yo lo veo en el televisor de mi vecino cada vez que puedo. Sé todos sus récords y pienso que es el mejor. Usted es mi ídolo.

Brown puso su mano sobre el hombro del muchacho y le dio las gracias antes de dirigirse hacia los vestuarios; pero el muchacho se acercó y le tomó nuevamente de la camiseta. Brown se dio vuelta y miró los grandes ojos oscuros del muchacho preguntando impacientemente: —¿Sí?

El muchachito se aclaró la garganta, echó los hombros hacia atrás y con la cabeza en alto dijo: —Señor Brown, algún día yo voy a romper todos sus récords.

Brown se sorprendió tanto por esta afirmación que le preguntó: —¿Cómo te llamas, hijo?

El muchacho contestó: —Orenthal James, señor, pero mis amigos me llaman O.J.

En 1973, O.J. Simpson superó el récord anual de Brown en una sola temporada ya que corrió más de dos mil yardas con la pelota. Se encontraba en segundo lugar a nivel nacional de yardas corridas con la pelota durante su carrera profesional (Brown ocupaba el primero), cuando algunas lesiones lo obligaron a retirarse. ¿Por qué estaba tan motivado O.J. Simpson? ¿Por qué tuvo tanto éxito?

Existen muchas, muchas razones por las cuales la gente se siente motivada; puede ser el aplauso, el aliento de la multitud, los premios. Pero, como en el caso de O.J. Simpson, la verdadera motivación que perdura debe venir de adentro. Si Simpson hubiera visto los récords de Brown como algo que él jamás podría alcanzar, hubiera terminado en una silla de ruedas. Pero no lo hizo. El se puso una meta y tuvo confianza en sí mismo para alcanzarla.

Cuando un niño utiliza su energía y la encauza para alcanzar una meta que se ha propuesto, se encuentra verdaderamente motivado. Esta meta puede estar inspirada por los padres o los amigos, pero es importante que el niño se establezca esa meta y que vea que es alcanzable y que él se beneficiará alcanzándola.

Advierte que estamos enfatizando la necesidad de que el niño establezca su meta. Existe una línea muy delgada entre la motivación y la manipulación. Los papás y las mamás deben tener mucho cuidado de no utilizar a sus hijos como desahogo de sus propias necesidades. ¿Han visto alguna vez a un padre obligando a su hijo a practicar fútbol porque él lo necesita y no su hijo?

La verdadera motivación proviene de alguno de estos factores o de la combinación de ambos:

1. El deseo de ganar.
2. El temor de perder.

Imagínate lo que es despertar a un niño en la mañana de Navidad. No necesita ninguna clase de motivación para levantarse. Gustosamente salta de la cama porque sabe que hay algo esperándole. Ese mismo niño no meterá la mano en el fuego porque teme al dolor, y esto lo motiva a evadir las llamas.

Durante más de treinta años he trabajado con niños pequeños, con adolescentes y con jóvenes universitarios. Me he percatado de más de veinte maneras en que se puede motivar a los hijos. En el corazón de cada uno de estos métodos, existe el deseo de ganar y el temor de perder. En este capítulo, centraremos nuestra atención en cómo motivar a un hijo a través de su personalidad, y del uso de dos herramientas para la comunicación. En el siguiente capítulo trataremos las otras 19 maneras de motivar a los hijos.

1. Utilizar la inclinación natural del niño

A juzgar por el tono de su voz al otro lado de la línea, podía decir que Norma estaba en lo profundo del abismo. Era el Día de la Madre y yo estaba fuera de casa enseñando en un seminario. Ella estaba sola y yo hubiera deseado estar en casa con ella. Mientras hablábamos, Greg entró en la sala y le regaló un ramo de flores. Me agradó su sensibilidad, especialmente porque tenía sólo trece años.

Al día siguiente, llamé por teléfono a Norma nuevamente para ver cómo se sentía. —Bueno, estoy aquí sentada mirando estas hermosas flores que Greg me regaló —me dijo.

Le pregunté si Greg había cortado las flores, deseando que las hubiera recogido de nuestro jardín y no del jardín del vecino.

—Oh, no —dijo Norma—. Las compró en una florería.

—¿Las compró? ¿De dónde sacó el dinero para eso?

—Ah, simplemente utilizó tu tarjeta de crédito.

Greg es muy sensible y desea ayudar cuando su madre se encuentra algo deprimida. El barre la casa o lava los platos, con tal de ver feliz a su mamá. Cada uno de nuestros otros hijos responde de manera diferente, y esto refleja su personalidad. Kari y Michael tienden a ponerse peor con Norma cuando ella se siente mal; algunas veces inclusive se desaniman junto con ella. Ninguno de ellos tiende a buscar la solución como lo hace Greg.

Como veremos a continuación, la personalidad es el resultado de todas las características de una persona, y en especial de la estructura de sus genes. Me gusta llamarlo su "inclinación natural". Generalmente, en un niño se encuentran *combinaciones* de distintos tipos de personalidades, pero generalmente una es la que predomina.

Con toda seguridad, su crianza y su entorno afectan esta "inclinación", pero he observado que se pueden encontrar por lo menos cinco temperamentos en los niños y es importante comprender cada uno de ellos. He llegado a esta conclusión observando a los niños y revisando varios estudios. Cada niño se motiva de forma diferente, de acuerdo a su "inclinación natural".

Dentro de cada una de las cinco clases de personalidades, el comportamiento de los niños varía de acuerdo al orden de nacimiento. Por ejemplo, los niños que han nacido primero en una familia tienden a ser más agresivos y a mandar a los demás. Los niños que han nacido en segundo lugar tienden a ser más sociables. Otros factores influyen en las variaciones dentro de los temperamentos: ser hijo único, vivir con uno solo de los padres, ser el único varón en una familia de niñas, etc. Sin embargo, a pesar de estas variaciones, los niños tienden a pertenecer a uno de estos cinco tipos de personalidades.

Las descripciones que encontramos en las páginas 107 a 111 ilustran las personalidades predominantes y las características generales de cada una de ellas. También se explica cómo motivar a cada tipo de hijo para que desee responder de una manera positiva.

Cuando motivamos a un hijo utilizando sus "inclinaciones naturales" es importante aprender a conocer los intereses y los talentos básicos del niño. Puedes utilizar este conocimiento para motivar a ese hijo para que sea mejor estudiante, para que coma comidas más sanas, para que lea libros, y para que haga muchas otras cosas.

Kari se parece mucho al pacificador y quiere estudiar para ser maestra de escuela. Hemos utilizado esta meta para motivarla a comer comidas sanas, para jugar en el equipo de baloncesto de la escuela y para estudiar con más diligencia, mostrándole que estará mejor preparada física y mentalmente para ser una buena maestra.

Cuando nuestro hijo Michael, de diez años, nos dijo que deseaba ser jugador de fútbol profesional, utilizamos esa meta para motivarle a comer comidas más nutritivas y para cuidar su cuerpo. "¿Alguna vez has conocido a un jugador de fútbol que no goce de buena salud?", le pregunté. Ahora ha decidido que quiere ser cuidador de un zoológico. Hemos visitado diferentes zoológicos y hemos hablado acerca de lo que se requiere para ser un buen cuidador de zoológicos. Como un zoológico debe estar limpio y ordenado, hemos motivado a Michael para que mantenga su habitación más limpia y mejor ordenada. Le hemos regalado libros sobre animales para animarle a leer más, y esto lo ha motivado para ser mejor alumno en la escuela. Ha disfrutado realizando algunos trabajos de investigación escritos por su gran interés en los animales.

EL OBSTINADO

Características generales

- Cree que generalmente tiene razón
- A menudo critica y les señala los errores a los demás
- Tendencia perfeccionista
- Cree que existe una manera correcta y una incorrecta de hacer las cosas
- Tiende a hablar sin tino
- Cuando debe realizar una tarea, desea hacerla bien o no hacerla
- Pensamiento negativo
- Persistente
- Muy leal
- Recuerda bien lo que la gente le ha hecho
- Puede sentirse profundamente conmovido por las historias tristes

Los "sí" y los "no" para motivar

- Como padre, debes dedicar tiempo para explicar a fondo las cosas, porque una vez que ellos ven que determinada acción es la correcta, generalmente la llevan a cabo.
- Ten cuidado de no interpretar la habilidad que poseen para ser descorteses como una señal de que pueden recibir palabras descorteses como respuesta. El dolor y las lágrimas los conmueven, pero son expertos en detectar la falta de sinceridad o la manipulación.
- A ellos les gusta saber qué es lo que están haciendo mal, si nos tomamos el tiempo para explicárselo con sinceridad.
- Evita las discusiones prolongadas porque el "obstinado" generalmente se siente un poco hipócrita al discutir lo que él "sabe" que es lo correcto, es decir, su propia opinión.

EL PACIFICADOR

Características generales

- Se adapta a los demás
- Es dócil
- Dependiente
- Tolerante
- Tierno
- Compatible
- Evita las discusiones persistentes
- Es algo introvertido
- Tiene cuidado con lo que *dice* o *hace* para no causar conflictos
- No llama la atención sobre sí mismo

Los "sí" y los "no" para motivar

- Necesitan saber que nos gustan como individuos únicos.
- Reaccionan cuando se los pone dentro de una categoría.
- Responden mejor a alguien a quien consideran su amigo.
- Con paciencia descubre sus motivaciones personales y motívales ayudándoles a alcanzar esas metas.

- Si el pacificador no está de acuerdo, anímale a hablar acerca de sus sentimientos personales y de sus opiniones en lugar de hacerlo sobre hechos objetivos.
- Evita la dureza o las actitudes de demanda porque son muy obstinados cuando se ofenden.
- Cuando surge un desacuerdo, es mejor tener una conversación suave y tierna mientras lo tocamos suavemente: "Te sientes herido ¿no es cierto? No quiero que te sientas mal. Hablaremos más tarde cuando ambos estemos más tranquilos."

EL OPTIMISTA

<u>Características generales</u>

- Manipulador
- Excitable
- Indisciplinado
- Reacciona
- Promueve causas
- Es expresivo
- Desea ayudar
- Es ingenioso
- Se le puede hablar
- Es cálido
- Comunicativo
- Le gusta competir
- Impulsivo

<u>Los "sí" y los "no" para motivar</u>

- Como padre, debes descubrir sus opiniones e ideas. Ayúdales a pensar en cómo alcanzar sus metas de una manera factible.
- Los "optimistas" tienen opiniones sobre casi todas las cosas. Al motivarlos, descubre aquello que más les interesa y desarrolla una amistad basada en ese interés.
- Responden mejor a un buen amigo a quien le gustan sus ideas.
- Cuando te enfrentes con un problema, discute posibles soluciones y permíteles manifestar sus *propias* soluciones,

ofreciéndoles tu ayuda incondicional como padre.
- Si no estás de acuerdo con él, evita las discusiones prolongadas porque el "optimista" tiene una gran necesidad de ganar. Busca una solución que sea aceptable para ambos.
- Los "optimistas" tienden a obrar cuando tú inspeccionas, no cuando esperas que lo hagan.

EL AYUDADOR

Características generales

- Es algo parecido al pacificador en su temperamento, pero se preocupa más por ayudar a las personas en sus necesidades que en involucrarse personalmente con ellas
- Tiende a ser exigente. Cree que su manera de hacer las cosas es la única
- Incumplidor
- Impulsivo
- Evita los planes a largo plazo
- Se adapta porque evita los conflictos
- Prefiere realizar un trabajo bien en lugar de delegarlo
- Generalmente se recarga de compromisos

Los "sí" y los "no" para motivar

- Viven de la alabanza genuina y sincera.
- Si esperas que realicen determinado trabajo, probablemente tratarán de eludirlo para hacer algo inesperado para alguna otra persona.
- Se ponen obstinados si se les presentan demandas con dureza.
- Generalmente tratan de realizar en un día más de lo que pueden, por lo tanto se sienten frustrados. Ayúdales a organizarse, pero no les exijas que cumplan el plan.
- Si deseas su ayuda en un proyecto en especial, es mejor comenzarlo en presencia de ellos y esperar que vengan a ayudar. Es probable que prefieran terminarlo solos, sin tu ayuda.

EL AGRESIVO

<u>Características generales</u>

- Es objetivo
- Incomunicativo
- Frío
- Independiente
- Le gusta competir
- Inicia la acción
- Agresivo
- Testarudo
- Dominante
- Aspero
- Decidido
- Resuelto

<u>Los "sí" y los "no" para motivar</u>

- Ayúdales a ver el resultado de su comportamiento. Sé objetivo.
- Ellos tienen interés de saber qué sucederá, no tanto por qué sucederá.
- Cuando se desata una discusión, utiliza hechos e ideas, no frases sentimentales. Los "agresivos" se sienten motivados por los hechos fríos y objetivos.

Nuestro otro hijo Greg ha estado tomando lecciones para pilotear aviones desde que tenía doce años. Es un buen piloto, y gracias a esto ha crecido su autoestima. Como desea aprender más acerca de la historia del vuelo y de las distintas áreas geográficas sobre las cuales puede volar, su interés en la escuela y en la lectura ha aumentado.

Greg dijo que una de las razones por las cuales deseaba ser piloto, es para que podamos volar juntos, dando conferencias los dos a través del país. Para alcanzar esa meta, planea tomar clases sobre cómo dar conferencias. También se ha interesado más en los asuntos espirituales y en vivir una vida cristiana consecuente, porque se da cuenta de que si desea hablar sobre estos asuntos, debe comenzar a aprender acerca de ellos ahora mismo.

Cuando los padres utilizan los intereses de sus hijos para motivarlos, el progreso que se obtiene como resultado es asombroso. Es efectivo motivar a un hijo a través de sus propios intereses, porque esta motivación viene de adentro. Refleja su inclinación.

Sin embargo, los padres deben tener cuidado de no "obligar" al hijo a tener una inclinación en particular, especialmente considerando el temperamento del hijo. Las personas pueden tener características de otros temperamentos, por lo tanto los cinco temperamentos deben utilizarse como una guía y no como un molde rígido. Pueden servir de mucha ayuda para comunicarnos con nuestros hijos y para motivarlos, pero afirmaciones tales como: "Tienes el temperamento del obstinado, y siempre serás así", pueden causar mucho daño. Debes darte cuenta de que ellos pueden mejorar e inclusive cambiar su personalidad con el tiempo.

2. Utilizar el principio de la sal

Si utilizamos el interés de un hijo, podemos motivarlo muy positivamente, pero ¿qué hacemos los padres si ni siquiera podemos captar su atención para que nos escuchen? ¿Qué sucede si ellos esquivan nuestros intentos de comenzar una conversación seria con ellos? He descubierto una herramienta sencilla que puede captar y mantener la atención de ellos. Se llama el *principio de la sal*.

Viajábamos desde Los Angeles de vuelta a Phoenix hace algunos años. Norma y los muchachos estaban en la parte trasera de nuestra casa rodante, y Kari se encontraba sentada a mi lado.

—Kari, ¿te gustaría salir con algún muchacho mientras cursas el año próximo en el liceo? —le pregunté.

—Sí —contestó Kari tímidamente.

—¿Con qué clase de muchacho te gustaría salir?

—Bueno, tendría que ser agradable, amable. Deseo que sea sensible. Deberán interesarle muchas cosas diferentes, y especialmente los deportes.

—Esas cualidades me parecen muy buenas —le dije—. Kari, ¿te gustaría tener la seguridad de que tu sueño se hará realidad?

—¡Claro que sí! —contestó mirándome sorprendida.

—Bueno, últimamente he estado leyendo acerca de dos o tres cosas que puedes hacer para resultar atractiva a la clase de muchacho que has mencionado. Podemos hablar de esto cuando lleguemos a Phoenix, ¿está bien?

—¿Por qué esperar? —preguntó Kari—. Hablemos ahora.

El resto de nuestro viaje estuvimos conversando acerca de varias actitudes que hacen de una persona una compañera sobresaliente. Hablamos acerca de la paciencia para comprender a los hombres y de lo diferentes que son a las mujeres. Hablamos sobre lo que es el amor genuino, y de cómo ella se iba a inclinar hacia cierta clase de muchacho debido a su temperamento. Fue un tiempo muy provechoso, y todo sucedió porque utilicé el principio de la sal.

El principio de la sal utiliza algún interés *del hijo para captar su atención y enseñarle algo específico que el padre cree importante.*

Todos conocemos el dicho: "Puedes conducir a un caballo hasta el agua, pero no puedes hacerle beber." Pero esto no es enteramente cierto. Si ponemos sal en la comida del caballo, tendrá sed y deseará beber agua. Cuanta más sal le demos, más sed tendrá y más deseará beber.

Cuando utilizo el principio de la sal, estoy creando curiosidad. Eso fue lo que hice con Kari. Yo sabía que ella tenía interés en salir con muchachos, y yo utilicé ese interés para compartir algunas cosas que le ayudarían a tener éxito en esa esfera de su vida. Pude mantener su interés durante horas porque ella estaba motivada.

El principio de la sal motiva a los hijos a escuchar con atención, y de esta forma pueden aprender algunas verdades importantes acerca de la vida. Lo utilicé con Kari en otra oportunidad cuando le dije: —¿Te das cuenta de que hay algo que podría suceder en tu vida en este próximo año, que te puede hacer dudar de Dios? Eso mismo te puede convertir en una persona muy egoísta y hacer que tengas dificultades en tu relación con Dios. Te resultará muy difícil leer la Biblia y orar, y verás que no te interesa tanto la escuela. También te sucederán otras cosas negativas.

Luego de arrojar toda esa sal, le pregunté si le gustaría hablar sobre eso que podría causar semejante devastación en su vida.

—¡Sí! ¿Qué es? —preguntó con interés—. Hablemos de eso, porque sea lo que sea, no deseo que me suceda.

Entonces comencé a compartir algunos de los peligros de las relaciones sexuales antes de casarse. Fue otra conversación muy significativa.

El principio de la sal se puede utilizar para enseñarles a los hijos muchas lecciones importantes. He aquí algunas pautas para usar la "sal" efectivamente:

1. Identifica claramente lo que deseas comunicar.
2. Identifica los *intereses* más importantes de tu interlocutor.
3. Utilizando las esferas de mucho interés, sólo comparte lo suficiente como para estimular la curiosidad de escuchar más.
4. Utiliza preguntas para aumentar la curiosidad.
5. Comunica la idea o información importante únicamente *después* de ver que has captado todo el interés y la atención de tu hijo.

Hace poco, quise enseñarle a Mike una lección importante. Si le hubiera preguntado a mi hijo si quería que estudiáramos una lección de la Biblia, se pueden imaginar cuál hubiera sido su respuesta: "Sí, papá, otro día", o tal vez: "No, por favor, no otra de esas charlas." Somos una familia común y me doy cuenta de que mis hijos generalmente no están interesados en lo que yo considero importante para su vida. Pero puedo despertar su interés relacionando cosas que a ellos sí les interesan. Así fue cómo lo hice con Mike:

—Oye, Mike, ¿te gustaría que te cuente una historia? —le pregunté.

—No, papá, en este momento estoy jugando. Tal vez más tarde.

—Está bien, entonces no te contaré acerca de un hombre loco y salvaje que vivía en las montañas y que tenía tanta fuerza que podía romper cadenas y nadie podía sujetarlo, y que profería unos gritos tan horribles que nadie deseaba acercarse a él.

Hice una pausa y Mike preguntó inmediatamente: —¿Eso está en la Biblia?

—Sí, y no creerías lo que le pasó. Tal vez otro día te cuente la historia.

—¡No, cuéntamela ahora, por favor!

Entonces procedí a contarle a Mike la historia de cómo Jesús sanó al endemoniado gadareno.

El principio de la sal es una herramienta muy motivadora cuando se utiliza junto con la inclinación natural de un hijo. Por ejemplo, puedo tomar el interés que Greg tiene de ser piloto y usarlo para motivarle en muchas esferas si lo combino con el principio de la sal.

Una vez, estaba conversando con un piloto comercial, y me enteré de que no se pueden realizar vuelos comerciales si tomas cierto tipo de drogas. Debes jurar que nunca has ingerido drogas y luego pasas por un detector de mentiras. Sabía que a Greg esto le impresionaría, por lo tanto, concerté una cita con el piloto.

Antes de la reunión, le eché un poquito de sal a Greg: —Sabes, hay algo que si lo haces, puede impedirte llegar a ser piloto comercial.

Naturalmente Greg sintió curiosidad de saber qué sería aquello, pero yo le dije que deseaba que lo oyera directamente de labios del piloto. Cuando nos reunimos los tres, el piloto le preguntó a Greg si alguna vez había tomado drogas.

—Claro que no, nunca he hecho nada de eso —contestó Greg.

—Qué bueno, Greg, porque quiero prevenirte que si alguna vez lo haces, no podrás ser piloto profesional. Ni siquiera puedes experimentar con las drogas, porque si lo haces, puedes olvidarte de llegar a ser piloto.

Esto sí que es motivación. Aquella conversación fue mucho más efectiva que cualquier otra cosa que yo hubiera podido decirle a mi hijo. Y fue el principio de la sal lo que motivó a Greg a escuchar al piloto.

Yo tuve un profesor de inglés en la escuela secundaria que utilizaba este principio para motivarnos a leer. El leía una porción de un libro a la clase; luego, cuando llegaba a la parte culminante, dejaba de leer y cerraba el libro. Naturalmente, todos preguntábamos: —¿Qué sucedió?

—Está en el libro —nos respondía.

—¿En qué página? —implorábamos.

—No se preocupen que la van a encontrar.

Y así era como corríamos a la biblioteca para buscar el libro, y muchas veces lo leíamos entero para descubrir lo que sucedía. Norma usó este mismo método para motivar a nuestros hijos a leer cincuenta libros un verano.

Mira a tu alrededor y fíjate en cuánta gente utiliza la sal. La televisión nos muestra veinte o treinta segundos de adelantos de próximos programas. Nos muestran las escenas más impresionantes, pero no nos dejan saber de qué manera se resuelven. En una persecución, por ejemplo, nos muestran un auto volando por encima de una barricada, pero para saber si aterrizó o si se hizo pedazos, debes mirar el programa.

El chisme es el principio de la sal utilizado en una forma negativa. Puedes dirigirte a alguien y decirle: —Nunca podrás imaginarte lo que escuché acerca de fulano de tal.

La pregunta inmediata es: —¿Qué escuchaste?

Y tú respondes: —Bueno, prometí no decirle nada a nadie. En este ejemplo acabas de aumentar el sabor de la sal mucho más. Este uso negativo del principio de la sal demuestra cuán efectivo es en realidad. Puede utilizarse para manipular a las personas, lo cual es muy negativo, o puede utilizarse de manera positiva.

Es importante recordar que el principio de la sal surge del deseo de ayudar a desarrollar los intereses y las necesidades de un hijo. Conduce al hijo al cumplimiento de sus metas, a la vez que le ayuda a obtener información importante que es vital para convertirse en un adulto maduro.

La siguiente esfera es tan efectiva para la motivación como el aprovechar la inclinación natural de un hijo, o utilizar el principio de la sal. Sin embargo, su uso no sólo motiva a los hijos, sino que nunca he conocido algo más efectivo para comunicarme con ellos. Este es el mejor método que he encontrado para realizar ajustes positivos entre padres e hijos.

3. Utilizar metáforas que comparan las emociones con una experiencia

Prácticamente todos los días, los miembros de una familia pueden ofenderse y experimentar tiempos difíciles y dolorosos. Muchas veces desearían que otro miembro de la familia pudiera comprender cómo se sienten. El uso de metáforas es una de las mejores maneras de hacer que los demás penetren en nuestros sentimientos y puede motivarles a que dejen de herirnos.

La metáfora a que me refiero es la que compara nuestros sentimientos con una experiencia real o imaginaria.

Utilizar metáforas para motivar a otros es identificarse con ellos emocionalmente. Es motivarlos a nivel emocional.

Una adolescente me contó una vez cómo motivó a su padre

para que la escuchara y la comprendiera. Utilizó una metáfora relacionada al trabajo de su padre que era mecánico de autos, para decirle algo que la preocupaba.

"Papá, tú sabes que algunas veces arreglas un auto y comienza a funcionar bien, pero no exactamente como debería. El dueño puede devolvértelo diciendo que no funciona a la perfección. Frustrado, sacas todas tus herramientas y controlas todo nuevamente y cuando estás bien seguro, realizas un ajuste menor que hace que el motor comience a marchar a la perfección. Bueno, tú eres un super padre y nuestra relación funciona bien, pero hay una pequeña parte que necesita un ajuste. Desearía que pudiéramos estar algún tiempo juntos para explicarte lo que pienso que podríamos hacer para que nuestra relación marche a la perfección."

El padre de la muchacha comprendió inmediatamente porque pudo imaginarse a alguien trayendo de vuelta un auto para que le realizara un ajuste. Al comprender cómo se sentía su hija, un cambio positivo tuvo lugar en la relación entre ambos.

Yo he utilizado metáforas al aconsejar a parejas para ayudarles a abrir las líneas de comunicación. Una vez, la esposa de un jugador de fútbol profesional utilizó esta gráfica ilustración para describir cómo se sentía con respecto a su matrimonio: "La forma en que me has tratando últimamente me hace sentir como se sentiría un conejito en el patio de atrás de nuestra casa un día frío y lluvioso. Tú sales para sacar la basura, me pisas y me quiebras las dos patitas traseras. Me siento terriblemente asustada y quiero huir." Con los ojos llenos de lágrimas, su esposo le dijo que no tenía la menor idea de que se sintiera de esa manera y que no sabía que la estaba hiriendo.

Una vez que se comienza a *sentir* el dolor de la otra persona, la comprensión aumenta y el espíritu se suaviza.

El uso de este tipo de metáforas es tan útil con los niños como con los adultos. No importa que un niño sea pequeño, el requisito es que sepa hablar. He aquí dos pasos para utilizar con éxito las metáforas que comparan a las emociones con algo conocido. En primer lugar, necesitamos identificar claramente lo que sentimos, qué es lo está mal y cómo nos *sentimos* por lo que está sucediendo. En segundo lugar, una vez que esos sentimientos han sido identificados, debemos inventar una historia que los ilustre. Si alguien se siente desanimado puede decir: "Me siento color azul."

O: "Me siento como un paño para lavar los platos." O: "Estoy sumergido hasta el cuello en un pozo de agua fría." Las metáforas pueden crearse utilizando cosas que son comunes a nuestra experiencia: animales, agua, montañas, desiertos, muebles o las estaciones del año.

Un ejemplo de la Biblia demuestra cuánto poder para motivar tienen las metáforas. En la historia de David y Betsabé, David se sintió atraído sexualmente hacia Betsabé, la codició y finalmente ella quedó encinta. Al sentir la culpa de su comportamiento, David hizo que el esposo de Betsabé, Urías, volviera del campo de batalla para estar con su esposa. David pensó que esto lo libraría de todos sus problemas, pero Urías se negó a regresar a su hogar, diciendo que no deseaba ofender a sus camaradas. David se enojó, por lo tanto hizo que mandaran a Urías al campo de batalla, al frente, a lo más recio del combate, donde lo mataron.

David no se vio motivado al arrepentimiento o al cambio hasta que el Señor le envió a Natán quien le pintó una poderosa metáfora. Natán relató la historia de dos hombres, uno que era muy rico y que poseía muchas ovejas, el otro era pobre, y lo único que poseía era una corderita. El hombre pobre crió a esa corderita con sus hijos, y el animal se convirtió en un miembro más de la familia. Un día llegó un viajero a la ciudad, pero el hombre rico no quiso sacar una oveja de su ganado para prepararla para el visitante. Así que tomó la única oveja de este pobre hombre y la mató para ofrecérsela a su invitado.

La historia enfureció a David, y dijo que el hombre rico tendría que restituir la pérdida de ese hombre pobre. David dijo que semejante hombre merecía morir. Osadamente Natán le dijo: "Tú eres aquel hombre." Esta metáfora emotiva fue tan poderosa que David lloró delante de Dios con dolor y se arrepintió de su pecado.

Jesucristo fue el Maestro por excelencia en el uso de las metáforas. El utilizó animales, cosas y experiencias para enseñar la verdad. El dijo cosas tales como: "El reino de los cielos es semejante a un mercader que busca buenas perlas." O: "Si el grano de trigo no cae en la tierra y muere, queda solo; pero si muere, lleva mucho fruto." "Yo soy el buen Pastor." "Si tuviereis fe como un grano de mostaza...." "Yo soy la luz del mundo." Estas metáforas ilustran verdades que el hombre puede comprender porque están dentro del contexto de la experiencia y de las emociones humanas.

He sido testigo del poder y de la efectividad de las metáforas en mi propio hogar. En sólo cinco minutos, una metáfora ayudó a mi hijo a corregir un hábito irritante. Yo viajo frecuentemente por todo el país, y estoy fuera de casa por varios días. Cuando regreso, generalmente toda la familia sale a recibirme. Es alentador cuando ellos corren a abrazarme y exclaman: "¡Bienvenido a casa, papá!" Cuando nuestro hijo Greg tenía once años, generalmente se unía al recibimiento, pero durante algún tiempo, luego del saludo inicial, él se apartaba de mí por una o dos horas. Yo trataba de abrazarlo o de preguntarle qué había hecho mientras yo estaba afuera, pero él contestaba: "Déjame solo. No deseo hablar."

Eso me molestaba. Actuaba como si su espíritu estuviera cerrado hacia mí, pero yo no le había hecho nada. Le pregunté a Norma si ella sabía qué era lo que estaba mal, y ella me explicó que probablemente Greg estaba enojado porque yo había estado afuera, y ésa era su manera de castigarme.

Yo deseaba que Greg comprendiera cómo me hería su rechazo, por lo tanto, una noche, un par de días después de haber regresado de un viaje, lo llevé a cenar conmigo. Luego de la cena, le relaté una historia relacionada con su participación en el equipo de baloncesto de la escuela.

—Greg, suponte que estás jugando muy bien en el equipo de baloncesto, y que repentinamente te lastimas. Te llevamos al médico y él dice que no podrás jugar más por dos semanas para que la herida se sane. Entonces no juegas, pero observas las prácticas. Luego de las dos semanas, estás listo para jugar nuevamente, pero el resto de los jugadores y el entrenador sencillamente te pasan por alto. Actúan como si no estuvieras allí. ¿Cómo te sentirías?

—Papá, eso me causaría mucho dolor. No me gustaría que me sucediera.

—Así es como yo me siento cuando regreso de un viaje y tú me recibes junto a todos los demás, pero luego me rechazas durante una o dos horas. Yo deseo volver a formar parte del equipo familiar, pero siento que tú me rechazas.

—No me había dado cuenta —me dijo—. Pero te prometo que no lo haré más.

Dos semanas más tarde, partí nuevamente para realizar un viaje. Mientras me subía al auto luego de haberme despedido de todos, Greg gritó: "Buen viaje, papá, y prepárate para el rechazo cuando vuelvas a casa." Todos nos reímos, pero él lo recordó, y nunca volvió a rechazarme cuando regresaba a casa.

Las metáforas que tratan con las emociones pueden usarse con cualquier persona. Inténtalo con tu cónyuge o con un buen amigo antes de intentarlo con tus hijos. Cuanto más practiques, mejor te saldrá, y verás lo poderosa que es esta simple fuerza motivadora.

En el próximo capítulo compartiremos diecinueve maneras de motivar a los hijos.

6

Diecinueve maneras adicionales de motivar a los hijos

- *Ayudar a los hijos a que elijan sus propias metas*
- *Espera que tus hijos escojan el bien*
- *Relacionar a nuestros hijos con personas que admiramos*

Hace poco, me encontraba acostado al lado de mi hijo menor, Mike, cuando él se estaba por dormir. De alguna manera comenzamos a conversar acerca de lo especial que él era para mí. Le hice la misma pregunta que le he hecho tantas veces: —¿Por qué te ama tanto papá?

Sin dudar un instante, respondió: —Porque soy un niño pequeño y porque tengo ojos lindos, ¿no es cierto?

—Sí —le contesté—, pero recuerda que existe una razón mayor.

Pensó un instante y sonrió: —Porque por mí es que pasas más tiempo con la familia, ¿verdad?

—Sí, pero existe una razón aún más importante —le dije. El había sido una de las razones principales por las que había cambiado mi vocación para estar más tiempo con la familia.

Mike pensó un momento más y dijo: —Por quien soy.

—¡Eso es! —le respondí.

Este momento especial con Mike me recordó uno de los mayores problemas al tratar de motivar a los hijos.

Motivar a los hijos es una manera poderosa de cambiar su comportamiento. Sin embargo, la necesidad de tener que actuar de una determinada manera para obtener aceptación, puede agotar emocionalmente tanto a los niños como a los adultos. Los padres deben tener cuidado de no negar la aceptación si un hijo no se comporta de acuerdo a sus expectativas. Una relación saludable entre padre e hijo implica aceptar a los hijos por quienes son y no por lo que hacen. La aceptación les provee las fuerzas y los deseos de cambiar.

Nuevamente decimos que la verdadera motivación debe provenir desde adentro de un hijo, no de presiones externas de parte de los padres.

Estas diecinueve maneras restantes para motivar a los hijos no se sugieren para manipular o para esperar una determinada conducta, sino para que cada hijo pueda alcanzar todo su potencial y lograr sus propias metas.

1. Ayudar a los hijos a que elijan sus propias metas

El entrenador de un equipo de fútbol les pidió a cada uno de sus jugadores que escribieran un número entre el uno y el diez, siendo el diez el mejor, representando cuán buenos querían ser. Jorge, uno de los jugadores, escribió "10" porque deseaba llegar a ser un jugador profesional destacado. Luego, el entrenador les pidió que escribieran algunas metas específicas para aquella temporada. Jorge se fijó metas tales como desarrollar más músculos y correr más rápido. El entrenador les dijo a los jugadores que colocaran sus metas en lugares bien visibles, en los casilleros donde guardaban la ropa en el gimnasio, y en sus casas para que pudieran recordarlas en todo momento. Cada semana les hacía leer sus metas en voz alta delante de los demás y luego evaluaban sus progresos. Jorge dijo que este procedimiento fue probablemente la fuerza más motivadora que jamás había experimentado porque las metas que perseguía eran *sus* propias metas.

Nosotros practicamos esta misma técnica con nuestros hijos, ya sea en lo referente a deportes, al trabajo de la escuela o a cualquier otro interés. Les decimos: "Del cero al diez, ¿qué calificación te gustaría tener? Nosotros nos comprometemos a ayudarte, pero deseamos comprender primeramente cuáles son tus objetivos."

En el pasado, nuestros hijos no fijaban sus metas tan alto como a nosotros nos parecía que deberían hacerlo, y esto produjo algunos conflictos. Sin embargo, una vez que comprendimos cuáles eran sus metas, también comprendimos por qué no estaban tan motivados en algunas esferas. Por ejemplo, durante años alentamos y empujamos a Kari para que sobresaliera en la ejecución del piano. Deseábamos que fuera lo suficientemente buena como para tocar frente a un grupo. Finalmente le preguntamos cuán buena deseaba ser en una escala del cero al diez. Ella eligió el cinco, es decir una pianista promedio. Nosotros habíamos elegido un ocho para ella, pero ésta no era su meta. En consecuencia, prácticamente nos teníamos que sentar a su lado para que practicara. Finalmente dejó de practicar cuando tuvo dieciséis años porque ya había alcanzado su meta.

Una parte del amor hacia nuestros hijos es ayudarles a alcanzar *sus metas*, no imponerles las nuestras. Si los presionamos con nuestras metas, la motivación que ellos sientan no durará, porque provendrá de una presión externa en lugar de ser una verdadera motivación que brote de dentro de sí mismos.

Al tratar de ayudar a tus hijos a elegir sus metas, procura ponerlos en contacto con personas que hayan tenido éxito en las esferas en las cuales tus hijos demuestran interés. Si están interesados en los animales y en la medicina, procura una entrevista para que pasen varias horas visitando y observando a un veterinario. Durante esta visita se puede decir algo para ayudar a motivarlos. (Si es que no se desmayan mientras el veterinario le cura una herida a un perro.) La fuerza motivadora generalmente es más poderosa si proviene de alguien fuera de la familia.

2. Ayudar a los hijos a que vean los resultados positivos de alcanzar sus propias metas y los resultados negativos de no alcanzarlas

Recién comenzaba la temporada de baloncesto y al equipo le iba muy bien. Pero estaban a punto de enfrentar a un equipo que el año anterior los había humillado ganándoles por treinta puntos. El entrenador sabía que debía motivar a sus jugadores, así que pasó el video del partido del año anterior. El partido se veía tan mal en película como se había visto aquella noche. Inclusive había captado las expresiones avergonzadas del público que estaba disgustado con su equipo.

A primera vista, tal vez ésta no parezca la mejor herramienta para motivar, pero luego el entrenador sacó un video del equipo ganando un gran partido. En esa oportunidad, los fanáticos gritaban y aclamaban. "Miren qué bien jugaron contra ese otro equipo", dijo el entrenador. "Este año pueden jugar así de bien contra el equipo que el año pasado los humilló. ¿Qué me dicen? ¡A ganarles, se ha dicho!"

El propósito del entrenador era ayudar a sus jugadores a visualizar la derrota del equipo oponente. El deseaba que vieran y escucharan a los fanáticos alentándoles, que se vieran a sí mismos en la cancha de juego y que recordaran el gozo de marcar tantos y el dolor que sufrirían si perdían.

Un entrenador de fútbol muy popular de una escuela secundaria del sur de California, motiva a sus jugadores descubriendo qué es lo que cada muchacho espera del fútbol. Alguno puede querer agradar a su padre, otro desea impresionar a su novia, mientras que un tercero tiene la esperanza de ganar una beca deportiva en alguna universidad importante. Durante la práctica, este hombre aparta al muchacho que desea agradar a su padre y le dice: "¿Viste esa jugada que hiciste? No lo haces bien. Pero si utilizas esta técnica, ¿puedes imaginarte lo orgulloso que estará tu padre cuando hagas un gol? ¿Puedes imaginarte a tu padre gritando y saltando en las gradas?"

Al jugador que desea obtener una beca, el entrenador puede decirle: "Los entrenadores de la universidad quedarán impresionados si utilizas esta técnica. Ellos pasan horas tratando de enseñársela a sus jugadores. ¿Puedes imaginarlos sonriendo al ver que tú haces esa jugada? Te pondrán una nota excelente en sus informes."

Hemos observado los ojos y las expresiones faciales de nuestro hijo Michael, mientras sigue con admiración en los pasos de su hermano mayor. Sabemos que él desea ser tan bueno como Greg en todo, especialmente en los deportes. La principal razón por la cual animamos a nuestros hijos a practicar deportes es porque les puede ayudar con los rasgos de su carácter desarrollando paciencia, humildad y aprendiendo a perder y a ganar con dignidad.

Yo fui testigo de la fuerza de esta herramienta motivadora cuando Mike me contaba cuánto deseaba jugar en la misma posición en la que jugaba su hermano Greg. Pero él practicaba gimnasia y le faltaban varios años para estar en la escuela secundaria. Le dije: "Mike, ¿puedes imaginarte qué divertido sería correr, recibir la pelota de un pase largo, evadir al defensor, y meter un increíble gol debido a lo que aprendiste en la gimnasia? Me parece verlo. Yo le daré un codazo a la persona que esté sentada a mi lado en las gradas y le diré: '¿Vio a mi hijo? ¡Cómo evadió al defensor! ¡Qué golazo!'" Michael se reía y vi que participaba conmigo; se estaba motivando.

3. Recuerda el poder de la alabanza

Si, como padre, tienes menos de un minuto por día para hablar con tus hijos, ¿qué les dirías? Los estudios muestran que los padres, en promedio, hablan con sus hijos menos de sesenta segundos por día, y la mayor parte de ese tiempo se dedica a señalar el comportamiento negativo.

Sin embargo, lo opuesto a la crítica es una de las fuerzas motivadoras más poderosas que está al alcance de los padres: la alabanza. Puede utilizarse de muchas maneras. Puedes darles una condecoración por el buen comportamiento. Puedes tomarles una foto mientras hacen algo que realmente aprecias y luego ponerla en un álbum o colgarla en la pared para que todos la vean.

Michael estaba extremadamente abatido luego de su primer encuentro de lucha. Había perdido y mientras me dirigía hacia él, vi que las lágrimas le corrían por el rostro. —Michael, tu desempeño fue magnífico —le dije, ignorando sus lágrimas—. Tu oponente lucha desde hace dos años y debes pensar que perdiste sólo por un punto luego de dos asaltos. Mike, ¿cómo pudiste resistir tanto con un luchador tan experimentado?

Mike me miró a los ojos y dijo: —Fueron injustos conmigo. Yo debería haber luchado con alguien de mi edad y de mi experiencia —hizo una pausa y luego añadió con el rostro iluminado por una sonrisa—: Pero lo derribé dos veces. ¿Viste eso, papá?

Un año más tarde, Mike decidió no integrar el equipo de lucha. Pero el entrenador le dijo: "Lo siento muchísimo, Mike, porque tienes muy buenos movimientos y posees un gran potencial para la lucha." La conversación entre Mike y el entrenador no duró más de un minuto, pero la opinión de Mike con respecto a la lucha cambió completamente en aquellos pocos segundos. Aquella noche, Mike me contó que su entrenador le había dicho que tenía aptitudes para la lucha. Nuestro hijo quería que le diéramos permiso para participar en ese deporte nuevamente.

Como padres, podemos motivar a nuestros hijos a través de la alabanza. En lugar de mencionarles las dos cosas que hicieron mal hoy, hablemos de las diez que hicieron bien. Te asombrarán los resultados.

4. Involucra a tus hijos en varias actividades

Algunos de los métodos de motivación que hemos discutido hasta ahora, provienen de estudiantes y atletas universitarios destacados que son miembros del Camp Kanakuk, un renombrado campamento para deportistas de la ciudad de Branson, estado de Missouri, EE.UU.

Una famosa gimnasta de este campo me contó que sus padres la habían involucrado en una variedad de actividades deportivas cuando era pequeña. Le presentaron a diversas personas, incluyendo a una joven que era una de las campeonas de gimnasia a nivel nacional. Este contacto personal ejerció gran influencia en ella. Sus padres notaron su tremendo interés, pagaron para que tomara lecciones y, más tarde, esta joven se convirtió en una de las campeonas de gimnasia de la nación.

El secreto es permitirle al hijo elegir lo que desea hacer. Involucra a tus hijos en una variedad de actividades, luego observa cuidadosamente su respuesta e interés. Espera hasta que ellos te *pidan* involucrarse, luego apóyales lo mejor que puedas.

5. ESPERA que tus hijos escojan el bien

Cuando fui director de trescientos estudiantes secundarios en el sur de California, *esperaba* que esos jovencitos llegaran a tiempo para participar en sus actividades, que las concluyeran a una hora determinada, que tomaran parte en diversos programas, y que lo hicieran bien. Por medio de mi actitud, les demandaba lo mejor, y siempre me sentía fascinado por la forma excepcional en que realizaban los trabajos asignados.

He aprendido que los hijos pueden percibir si tú esperas lo mejor de ellos o no. Si sienten que pueden salir adelante haciendo menos de lo que pueden, generalmente no se esforzarán por alcanzar más que eso. Si sienten que tú piensas que no pueden hacerlo mejor, es probable que desciendan a tu nivel de expectativa. También he visto niños que se sienten muy motivados cuando se esperan grandes cosas de ellos. Todavía tengo contacto con algunos de esos estudiantes con los cuales trabajé. Me dicen que recuerdan muchas de las cosas que aprendieron porque se *esperaba* que las aprendieran y se desempeñaran a un nivel elevado.

6. Cree que tus hijos alcanzarán grandes logros

Imagínate cuán poco podrías hacer si pudieras utilizar solamente el 8% de tu cerebro. ¿Cuáles serían las cosas que tendrías que dejar de hacer con un 92% de pérdida?

La mayoría de nosotros no tendríamos que dejar de hacer nada, porque la mayor parte de la gente sólo utiliza un 8% de su capacidad mental. Esto me ayudó a darme cuenta de que somos capaces de hacer mucho más. Muchos de nosotros nos limitamos porque no creemos que podemos lograr grandes cosas. Los doctores afirman que aunque una persona pierda una parte grande de su cerebro en un accidente, es asombroso todo lo que puede volver a aprender a través de la rehabilitación. Es posible aprender a caminar y a hablar nuevamente.

Muchos de nosotros hemos visto en programas de televisión como en el Japón entrenan a niños de tres años para ser concertistas de violín. La escuela atribuye esta aparente notable hazaña al hecho de que los niños *no sabían* que se suponía que ellos eran incapaces de realizar una hazaña.

Nuestra capacidad mental es muy poderosa, pero desafortunadamente nos convencemos de que no podemos lograr cosas que son posibles. Y les impedimos a nuestros hijos hacer cosas que podrían lograr. "Bueno, yo no lo intentaría", decimos. "Jamás lograrás hacer eso."

Si les damos la oportunidad y el aliento necesarios, los hijos pueden alcanzar cosas increíbles. Cuando Kari decidió jugar al baloncesto en el último año de secundaria, fue un milagro. Ella nunca había practicado ninguna clase de deporte competitivo. Ni siquiera entendía cuál era la diferencia entre la defensa y el ataque. Pero postuló al equipo y pasó las pruebas. En el primer partido, una compañera de equipo le arrojó la pelota y Kari se hizo a un lado pensando que se la dirigía a alguna otra muchacha. No pensó que nadie quisiera hacerle un pase a ella. Se asombró de todo lo que aprendió y mejoró en el curso del año. Cuánta emoción sentimos cuando convirtió su primer punto, y cuando la pusieron a jugar desde el principio del partido. Estaba tan motivada, que practicó durante todo el verano para estar mejor preparada para la temporada.

Si tan sólo no nos fijáramos límites. Dios nos ha creado a cada uno de nosotros con un tremendo potencial, y no deberíamos preocuparnos del nivel en que vamos a comenzar a hacer algo. Como padres, debemos comunicarles a nuestros hijos que si desean intentar hacer algo, cuentan con nuestro apoyo, y que deben esforzarse por alcanzar sus metas. Esta fue una de las razones por las cuales corrí mi primer maratón a la edad de cuarenta y dos años. Deseaba demostrarles a mis hijos que aun un "viejo" puede hacer cosas que parecen casi imposibles.

7. Ayudarles a los hijos a desarrollar una autoimagen más positiva

Recordemos que el pensar en forma positiva ayuda mucho a la motivación. Sin embargo, cuanto menor sea la autoestima de una persona, menos intentará lograr metas, ya sean éstas en el campo de los deportes o del intelecto. Una autoimagen inferior afecta al niño virtualmente en todos los aspectos de su vida, en su manera de vestir, en su conversación, en sus expresiones faciales, en sus futuras posibilidades de empleo, inclusive en el futuro de su matrimonio.

Al aconsejar a niños, adolescentes y adultos, he visto que ciertos individuos parecen estar programados para fracasar. Pero también he descubierto que existe algo que podemos hacer para aumentar la autoestima de una persona.

Es esencial que involucremos a nuestros hijos en por lo menos una actividad en la cual puedan tener éxito. Cuanto más éxito tengan en distintas actividades, tanto más se elevará su autoestima. Literalmente debemos ayudarles a lograr éxito en por lo menos una cosa, ya sea tocar la trompeta, nadar, pintar o cualquier otra cosa. Un niño puede decir: "No puedo hacer eso." Pero debemos encontrar una actividad que le interese, y luego hacerle saber que creemos en él y que es capaz de lograr lo que se ha propuesto.

Todavía recuerdo cuando mi entrenador de baloncesto en la escuela secundaria me gritó un día, diciéndome que era demasiado lento. Me llevó años librarme del recuerdo de aquellas palabras que resonaban en mis oídos: "Gary, eres demasiado lento." Cuando quise comenzar a correr carreras, me resultaba difícil porque todavía recordaba que era demasiado lento. La forma en que me veía a mí mismo inhibía mi capacidad de correr.

8. Recompensa a tu hijo

Unos padres que estaban tratando de que su hija dejara de chuparse el dedo, decidieron que le darían una pequeña recompensa cada vez que pasara siete días sin chuparse el dedo. Cuando logró pasar treinta días sin hacerlo, le dieron una sorpresa mayor. Las recompensas tienen la particularidad de motivar y cambiar el comportamiento, y son muy efectivas en el caso de los niños pequeños.

Por supuesto, debemos tener mucho cuidado de que los niños no aprendan a esperar recompensas cada vez que logran algo, como en el caso de las tareas rutinarias de la casa. Los niños necesitan saber que ellos son parte de la familia, y que todos deben trabajar juntos para hacer las cosas de la casa, sin esperar recompensa.

Cuando Greg tenía quince años, descubrimos una manera muy efectiva de motivarlo para realizar trabajos especiales en la casa. Simplemente pusimos en la puerta del refrigerador una lista de tareas que había que hacer, con el salario correspondiente al lado de cada una de ellas. Estos eran trabajos especiales, que no formaban parte de las tareas de todos los días, tales como limpiar el garaje, sacar las malezas del jardín y podar los árboles.

Cualquiera de nuestros hijos podía realizar estos trabajos, pero Greg trataba de hacer todos los que podía. Por lo general, a nuestros otros dos hijos no parecía molestarles que Greg ganara más dinero que ellos, pero algunas veces escribían su nombre al lado de alguno de estos trabajos como queriendo decir: "¡No lo toques; este trabajo es mío!"

9. Utiliza el viejo principio de: "Tú no puedes hacerlo, ¿no es verdad?"

¿Qué sucede cuando alguien te dice: "Probablemente no tengas tiempo para hacer esto", o "Tú no puedes hacerlo, así que buscaré a otra persona para que lo haga"? Si eres como yo, estas afirmaciones te molestarán, por lo tanto darás un salto y echarás manos a la obra. He visto cómo funciona esta misma clase de motivación con mis hijos. A veces les he dicho: "Tal vez no puedas hacer esto." O: "Necesito alguien *fuerte* para realizar esta tarea. ¿A quién puedo llamar?" El resultado es que generalmente mis hijos aparecen rápidamente y hacen el trabajo.

La directora del departamento de matemáticas de la universidad a la que asistía, un día me llamó a su oficina y me sugirió que reconsiderara la decisión de obtener un título en matemáticas. "Gary, sé que tienes algunas dificultades en la esfera del cálculo", me dijo, "no estoy segura de que puedas hacer los cursos más avanzados."

En mi interior hervía. "Epa, un momento", pensé. "¿Me quiere decir que yo no puedo con las matemáticas? Ya verá." Amablemente, le pedí una oportunidad para demostrarle que podía hacerlo. Ella me dio esa oportunidad y, motivado para estudiar con más ahínco, proseguí hasta obtener mi diploma en matemáticas.

Aunque esta técnica puede tener mucho éxito, debe utilizarse con cuidado. Si se usa con una persona que posee una baja autoestima, o con alguien que tiene problemas para creer en sí mismo, lo único que lograremos es desanimarlo más, o hacer que se dé por vencido.

10. Relacionar a nuestros hijos con personas que admiramos

La motivación de mis hijos ha crecido grandemente al relacionarlos con algunas personas muy exitosas. He tenido la oportunidad de participar en diversas conferencias de atletas profesionales y mis hijos han conocido a Bob Breuning, la estrella defensiva de los *Dallas Cowboys*. Cuando Bob y Mary Breuning le hablan a nuestra hija Kari sobre cualquier tema, ella absorbe cada palabra que le dicen. Lo mismo sucede con Steve Largent, otro destacado jugador del *Seattle Seahawks*. Nuestros hijos conocen acerca de su fe personal en Jesucristo, y cuando Steve conversa con ellos, recuerdan todo lo que él les dice. Sus alentadoras palabras los motivan.

Chuck Snyder, un hombre de negocios muy exitoso de Seattle, nos visita algunas veces al año. Cuando lo hace, generalmente lleva a Kari a almorzar. Cada vez que la trae de vuelta a casa, es evidente que Chuck ha ejercido una influencia positiva en su vida, porque la escucha atentamente, la elogia y la anima.

Hace poco tiempo, le pedí a Chuck que ayudara a Kari a aclarar las metas en su vida. Cuando regresó de su almuerzo, Kari anunció con entusiasmo que sabía exactamente cuáles eran sus metas. El impacto fue tremendo. No sólo fijó sus propias metas, sino que comenzó a ayudarnos a todos a fijar las nuestras. Su nivel de motivación se triplicó luego de aquella reunión con Chuck. Una velada cenando o conversando con esta clase de personas inspira mucho a mis hijos. No estoy seguro de poder tener el mismo impacto instantáneo sobre ellos. No existe cantidad de dinero con la cual pudiera recompensar a Bob Breuning, a Steve Largent y a Chuck Snyder o a cualquier otro líder, por lo que les han enseñado a mis hijos.

Es probable que te estés diciendo: "Bueno, eso está bien para ti que conoces a esos atletas profesionales y hombres de negocios, ¿pero sucede conmigo? Yo no conozco a personas como ésas."

Te sorprendería saber cuán fácil es a veces llegar a conocer a individuos como los que te nombré. Muchos de ellos desean compartir sus vidas con otros, particularmente con personas jóvenes. Hay algunos creyentes influyentes a quienes les encantaría hablar con tus hijos, aunque sea por algunos minutos, para compartir con ellos cómo han llegado a tener éxito.

Por ejemplo, considera la posibilidad de invitar a cenar a tu pastor. Prepárate para este momento pidiéndole que comparta de qué manera se inició en el ministerio para que la conversación estimule e inspire a tus hijos. Trata de hacer lo mismo con algún hombre de negocios que admires o con algún líder sobresaliente de tu comunidad. Hazles saber a estos líderes cuál es tu propósito. Invita a un misionero retirado o a algún hombre de gobierno a tu casa. Lleva a tus hijos a visitar una prisión. Diles que les pregunten a los oficiales de la prisión cuáles son algunas de las razones por las cuales las personas acaban en una cárcel. Trata de que tus hijos compartan tiempo con algún creyente influyente, unas dos o tres veces al año.

11. Sé persistente, consecuente

Como padre, nunca me había dado cuenta de lo motivadora que puede ser la persistencia. Pero debemos tener cuidado de no confundir la persistencia con la insistencia. La insistencia es básicamente negativa; es criticar a alguien porque no está actuando de la manera en que a mí me gustaría que lo haga. La insistencia generalmente refleja egoísmo: "¿Todavía no has comenzado a limpiar tu cuarto? Ayer tampoco lo hiciste. ¿Cuándo será el día en que limpies esa habitación?" Estas mismas palabras y el mismo tono de voz, repetidos una y otra vez, pueden producir resistencia en los hijos y eventualmente reducir su autoestima. Comienzan a creer lo que escuchan continuamente: "No puedo hacer nada bien."

La persistencia, sin embargo, es recalcar de forma creativa algo que creemos importante. Debemos mencionarlo de diferentes maneras, en diferentes momentos y con diferentes tonos de voz.

Hace muchos años, llegué a la conclusión de que todos en mi familia, incluyéndome a mí, estábamos mirando demasiada televisión. Estábamos atrapados. Yo miraba muchos programas de deportes, los niños miraban muchos programas de dibujos animados, y Norma miraba los programas "melosos". Me sentía mal por el control que la televisión parecía ejercer en nuestra vida. Pero cada vez que mencionaba ese asunto, me encontraba con una reacción turbulenta. Pronto me di cuenta de que esa reacción era culpa mía, porque yo insistía con frases como: "Dejemos de mirar televisión." O: "Este televisor debería salir de aquí." Lo único que estas frases lograron fue crear sentimientos negativos hacia mí. Nadie se vio motivado a cambiar.

Cuando me di cuenta de lo que sucedía, decidí ser persistente de una manera calmada y amorosa. Decía cosas tales como: "Estaría muy agradecido si pudiéramos reducir el tiempo que pasamos frente al televisor." Luego, durante semanas no decía nada más, porque no deseaba presionar a nadie. Algunas semanas más tarde, dije algo acerca de cuánta televisión estábamos mirando, pero nuevamente, cambié el tema inmediatamente.

Para ser ejemplo, comencé a pasar menos tiempo delante del "tubo". Generalmente, me iba a otra habitación a leer. Sin embargo, tenía cuidado de no dar la impresión de querer ser superior a los demás, el "señor Buena Conducta". De tanto en tanto, miraba algún programa, pero los seleccionaba cuidadosamente. Luego de la cena una noche, dije la frase más poderosa, aunque hasta después de algún tiempo no me di cuenta de que había sido así. Sin recalcarlo demasiado, mencioné que me haría feliz si algún día pudiéramos vivir en un hogar en el cual no necesitáramos la televisión pudiendo disfrutar de la vida sin ella. Pero añadí: "Probablemente, eso no sea posible."

Un año más tarde, Norma me llamó por teléfono al trabajo y me dijo que ella y los niños tenían preparada una sorpresa para mí. Cuando abrí la puerta de entrada, los niños ocultaban sus risitas y Norma sonreía. Eché una mirada a la casa, pero no pude imaginarme cuál era la sorpresa.

—¿No lo ves, papá? —exclamaron los niños—. ¿En realidad no puedes verlo?

Yo no podía verlo. Finalmente, señalaron hacia la mesa del televisor. Estaba vacía.

—¿Qué te parece, papá? —me preguntaron.

Yo estaba mudo. Habían puesto el televisor en el desván. Deseaban olvidarse del televisor, al menos hasta que pudieran tener control sobre este hábito.

Yo estaba anonadado e inmediatamente quise hacer algo por ellos, ya que habían cambiado su forma de vida por mí. Busqué mi billetera y dije: —Bueno, salgamos a comer afuera.

La reacción de ellos me asombró nuevamente. No deseaban que yo los recompensara. No habían sacado el televisor pensando en obtener una recompensa. Me dijeron que lo habían hecho porque apreciaban lo que yo sentía. Lo hicieron por amor. Y pude sentir el amor en lo que habían hecho. Nunca me pareció que se habían visto presionados a sacar el televisor. Luego de un año, lo trajimos de vuelta, y de vez en cuando miramos algún programa todos juntos. Pero el televisor no controla nuestra vida; nosotros controlamos al televisor.

12. Sé entusiasta

Para mí, el momento de levantarme por la mañana nunca ha sido el más brillante del día. Soy una de esas personas que deben arrastrarse hasta la ducha para despertarse. Norma, en cambio, se despierta todas las mañanas con una sonrisa. Comienza a cantar en el mismo momento que pone los pies en el suelo. Inclusive inventa sus propias canciones. Se siente entusiasmada al ver un nuevo día, y su entusiasmo inunda la casa. A causa de su actitud, todos se sienten mucho mejor al tener que levantarse para ir a la escuela o al trabajo, o para hacer las tareas del día.

Estar cerca de una persona entusiasta es como estar al lado de alguien que se está riendo. Es contagioso. Aunque no sepas de qué se está riendo, comienzas a sonreír, luego te ríes y terminas en carcajadas.

He descubierto que como padre, si realmente me siento entusiasmado con respecto a algo, mi familia tiende a entusiasmarse también.

Un año, pasé varios meses tratando de convencer a mi familia de que pasáramos cuatro semanas en un campamento de verano muy importante. Pero nadie estaba interesado en siquiera oír hablar del tema. Cada vez que mencionaba el campamento, me encontraba con falta de interés. Más tarde, me encontré con un músico que había pasado algún tiempo en ese campamento y él me dio todo el entusiasmo que necesitaba. Aquella noche, telefoneé a casa y pedí que todos tomaran una extensión de la línea telefónica.

"¿Están listos para escuchar lo que les voy a decir?", pregunté con entusiasmo. "Escuchen lo que me han contado de un lugar fantástico." Comencé a describirles el campamento con lujo de detalles. Les conté en cuanto a las actividades que se podían realizar, acerca de la comida, de los lagos y de las pistas de patinaje. Cuando finalicé, les pregunté: "¿Alguna vez han oído de un lugar así?" Ellos me respondieron que no. Deseaban saber más. Luego les dije que era el mismo lugar del cual les había estado hablando. Aquella noche, todos votamos para ir a ese campamento. ¡El entusiasmo es contagioso!

13. Desarrolla convicciones firmes

Creo que es muy importante que los padres periódicamente evalúen sus convicciones. Qué creemos que está bien para nuestra familia, y qué creemos que está mal. Qué es lo correcto para nuestros hijos, y qué es lo incorrecto. Cuál es el comportamiento correcto de acuerdo a lo que dice la Biblia, y cuál es el comportamiento que contradice los principios de Dios.

Una mujer, probablemente no se da cuenta de la influencia y motivación que puede ejercer si tiene convicciones profundas. El Antiguo Testamento habla de la mujer "virtuosa". Dice que cuando uno encuentra una mujer así, ha encontrado a una mujer que es más valiosa que las joyas. En hebreo, una mujer "virtuosa" era alguien que poseía convicciones firmes y que tenía influencia sobre los demás a causa de dichas convicciones.

Por ejemplo, si una mujer cree que es muy importante que sus hijos aprendan las habilidades de la comunicación, dedicará tiempo para reunir información sobre cómo enseñarles estas habilidades a sus hijos. Estará *alerta* a cualquier cosa que pueda ayudar a obtener su meta. La convicción que ella tiene de la importancia de que sus hijos aprendan a comunicarse, aumenta la posibilidad de que ellos aprendan.

Esta es una de las principales razones por las cuales los hijos aprenden de sus padres sin que medien las palabras. Cuando los padres aprueban lo que hacen sus hijos, se entusiasman y lo demuestran en sus ojos, en sus expresiones faciales y en sus acciones. Nuestros hijos comprenden esta comunicación muda, y ellos también tienden a entusiasmarse. Cuando nos desagrada algo de lo que hacen, tenemos expresiones faciales negativas tales como fruncir el ceño o endurecer los músculos del rostro.

La comunicación sin palabras puede ser un factor muy motivador para nuestros hijos, porque ellos se fijan en las expresiones faciales y el lenguaje del cuerpo. Cuanto más fuerte sean nuestras convicciones, más las comunicaremos a través de nuestro lenguaje sin palabras. ¿Cuántas personas han tenido una influencia duradera en tu vida? Piensa. Probablemente fueron personas con convicciones firmes. Lo mismo es cierto a la inversa. Pero recordemos que cuanto más firmes sean nuestras convicciones, mayor será la influencia que ejerceremos en la gente que nos rodea.

Al conversar con algunos de los jugadores del equipo *Dallas Cowboys*, me enteré de que el entrenador Tom Landry tiene convicciones muy firmes acerca de cómo jugar al fútbol. El tiene sus ideas acerca de cómo preparar la defensa y el ataque. Los jugadores dicen que pueden sentir sus convicciones. Inclusive la audiencia televisiva puede sentir su seriedad cuando las cámaras muestran al entrenador y a los jugadores de reserva.

14. Utiliza contratos

En el capítulo 4 hablamos acerca de cómo involucramos a nuestros hijos en la creación de nuestros contratos. Hemos visto que un niño se siente muy motivado a comportarse de acuerdo a un contrato que él mismo ha ayudado a redactar. Hemos visto cómo nuestros hijos realizaron ajustes en su vida debido a que habían estado de acuerdo con ciertos términos del contrato. Por ejemplo, Greg decidió por su propia voluntad cambiar de escuela, con nuestra bendición, cuando escribimos nuestro contrato señalando las principales razones por las cuales nuestros hijos debían asistir a la escuela. Cuando vio el contrato terminado, sugirió que debía cambiar de escuela. La escuela a la cual él asistía no incluía algunas de las esferas importantes que habíamos escrito en el contrato. He aquí algunas cosas de las que incluía dicho contrato.

Una escuela debe tener:
- actividades que involucren a toda la familia
- estudiantes con los cuales pueda desarrollar amistades estrechas porque tenemos muchas cosas en común
- una atmósfera en la cual los estudiantes puedan orar y compartir su fe en Dios

También incluimos muchos otros factores. Nuestros hijos añadieron otros puntos a la lista. Luego, todos juntos elegimos la escuela que más se ajustaba a lo estipulado en nuestro contrato.

15. El aliento de sus compañeros

Cuando Greg comenzó a asistir a una nueva escuela secundaria, quiso formar parte del equipo de baloncesto, pero no postuló porque pensaba que no era lo suficientemente bueno. Durante el año, algunas veces almorzó con algunos de los jugadores de baloncesto y luego practicó con ellos. Cuando los jugadores le dijeron a Greg que debería tratar de formar parte del equipo, este aliento fue la motivación que él necesitaba. Al siguiente año postuló y llegó a formar parte del equipo.

También Kari tuvo una experiencia de treinta y dos segundos que cambió su vida. Una noche, luego de una de las prácticas, Kari casi abandona el baloncesto. Yo fui al gimnasio a recogerla y mientras· salíamos me anunció: "No aguanto más, renuncio, no puedo continuar jugando." Las puertas de adelante del gimnasio estaban cerradas así que tuvimos que dar la vuelta a la escuela y pasar frente a los casilleros de los varones. Cuando el equipo de varones vio a Kari, se mostraron tan entusiasmados por su intento de jugar al baloncesto, que le palmearon la espalda y le dijeron cosas como: "¡Vamos, Kari, adelante!" Treinta segundos más tarde, mientras conducíamos de vuelta a casa me dijo: "Papá, realmente me gusta el baloncesto. En realidad, no entiendo por qué quise abandonar."

16. Crea una experiencia positiva en la cual tengan éxito

Muchas veces tememos que si nuestros hijos se involucran en una determinada actividad, fracasarán porque no poseen ciertas habilidades o conocimientos básicos. Tenemos esa sensación que nos dice: "No creo que puedan hacer esto." O: "No creo que estén preparados para aquello."

En estos casos, creo que lo correcto es que, como padres, intervengamos para ayudar a nuestros hijos a obtener los conocimientos o las habilidades necesarias antes de abordar una actividad que termine en seguro fracaso.

17. Espera que tus hijos actúen por sí mismos

De tanto en tanto, los padres deben "encender una chispa" en sus hijos. Pero también hay veces en las que debemos esperar que nuestros hijos vean lo que nosotros vemos. Por ejemplo, hemos descubierto que, ocasionalmente, es muy motivador permitirles a nuestros hijos que tengan sus cuartos muy desordenados. En determinado momento, se sienten mal por el contraste entre sus cuartos desordenados y las otras habitaciones ordenadas de la casa. Antes de que pase mucho tiempo, se cansan del desorden y limpian sus habitaciones. Si un hijo nunca ha vivido en el desorden, es difícil que aprecie el orden.

Por otro lado, algunos hijos nunca limpiarán sus cuartos sin que sus padres se lo pidan. Pero la idea es darle tiempo al niño para que el comportamiento deseado salga de él.

18. Responsabilidad y apoyo

Cuando compartimos nuestras metas con otros, ya sean miembros de la familia o amigos, recibimos una gran motivación para alcanzar dichas metas porque sabemos que somos responsables ante ellos. Nos sentimos mal al saber que no hemos alcanzado nuestras metas, y que otras personas lo saben. Este sentimiento de responsabilidad, cuando se combina con el apoyo, es un factor que produce mucha motivación.

Cuando nos sentimos desanimados o desilusionados porque no hemos alcanzado el progreso esperado, el apoyo de nuestra familia y de nuestros amigos puede darnos la energía que necesitamos. El simple hecho de que alguien nos diga: "¿Cómo estás?", o "Puedes lograrlo", hace toda la diferencia.

19. El contacto físico tierno y el saber escuchar

Los hijos pueden desanimarse por muchas razones: por una lastimadura, por la falta de progreso, o por saber que siempre hay alguien que es un poquito mejor. Cualquiera de estas razones puede hacer que un niño pierda su energía. La manera más fácil de que un hijo vuelva a recuperar su energía es que alguien que se preocupa por él le ponga el brazo alrededor de los hombros, le tome la mano o le dé unas palmaditas en la espalda. Cuando alguien escucha con atención cómo se sienten, esto les inyecta energía y los motiva a volver a la lucha.

Mientras me entrenaba para mi primer maratón, me encontraba corriendo al costado de una de las carreteras principales de Portland, Oregon. Perdido en mis pensamientos, fui sorprendido por un automovilista que me gritaba y que blandía su puño en un gesto que parecía demostrar hostilidad hacia los corredores. Luego vi su sonrisa y le escuché gritar: "¡Vamos! ¡Adelante, puedes lograrlo!" Las lágrimas me asomaron a los ojos mientras el automovilista se perdía en la distancia, y un cúmulo de energía corrió por todo mi cuerpo. Literalmente, casi no tocaba el suelo. Un apoyo como éste motiva a esforzarse.

Cuando un hijo está desanimado, intenta el contacto físico y escúchale: "Cuéntame", dile mientras le pones tu brazo alrededor de los hombros. "Estás dolido hoy, ¿no es verdad? ¿Deseas hablar acerca de eso?" O: "Sé que es difícil, pero puedes lograrlo."

Al tocar a tu hijo, no solamente estás compartiendo con él, sino que le estás brindando energía. No estás lamentándote con él, lo cual haría que ambos se desanimaran. Lo que haces es establecer contacto físico con el fin de escucharle y comprenderle.

Luego, deja pasar algún tiempo antes de decirle a tu hijo lo que debe hacer para sentirse bien. Algunas veces tratamos de corregir todo muy rápidamente y agotamos la energía del niño. Dale tiempo para reaccionar.

En el caso de cualquiera de las herramientas para motivar, debemos recordar que la verdadera motivación debe venir desde *adentro* del hijo. Las técnicas de motivación tales como la coerción, las amenazas y el soborno dan resultados temporarios. Nuestra tarea como padres es ayudar a nuestros hijos a fijarse metas, y creer en ellos lo suficiente como para verles alcanzar esas metas. Y siempre que sea posible, debemos utilizar todo lo que esté a nuestro alcance para ayudarles a alcanzar dichas metas.

7

El secreto de una familia unida

- *Seis características de una familia unida*
- *Compartir experiencias de la vida*
- *Tratar con las dificultades en una forma positiva*
- *Tres maneras prácticas de compartir la vida juntos*

Me empezaron a doler los músculos de la pierna izquierda. El dolor se extendía hasta la rodilla mientras intentaba alcanzar la marca de los 10 kilómetros. Hacía dos horas que corría, el entusiasmo que sentía al ser éste mi primer maratón era lo que me mantenía corriendo. Pero ahora, las dudas provocadas por el dolor me comenzaron a invadir la mente. Comencé a preguntarme si podría siquiera llegar a la meta.

Las caras de la gente alineada a los costados del camino se veían borrosas. A duras penas podía escuchar algunos gritos de aliento que provenían de los espectadores. Fue entonces cuando las palabras: "¡Vamos, papá!", se abrieron paso entre la niebla. Toda mi familia, Norma, Kari, Greg y Michael, estaban gritando y saludándome. Cuando pasé a su lado, ellos se unieron a mí y su entusiasmo me llenó de nueva energía. Norma y Kari corrieron unos pocos pasos y luego dijeron que me recibirían en la meta, pero Michael y Greg desearon seguir a mi lado.

El dolor de la pierna se desvaneció al disfrutar de este

momento especial con mis muchachos. Estaba demasiado cansado como para decir algo mientras corría, pero su compañía me hizo sentir muy bien. Luego de correr cuatro kilómetros, Michael, que tenía sólo nueve años, estaba demasiado cansado como para continuar. Lo dejé a un costado y le dije que esperara que su madre lo recogiera.

Unas dos horas más tarde, finalicé la carrera junto con Greg que no venía muy lejos detrás de mí. Alborozado por mi logro, me dirigí a buscar mi certificado y recibí las felicitaciones y los abrazos de Norma y de Kari. Me llevó unos instantes darme cuenta de que sus rostros reflejaban preocupación. "Me siento bien", les dije, pero ése no era el problema.

Norma me tomó del brazo y me llevó aparte. "Hemos perdido a Michael", me dijo. "Ha estado perdido por dos horas."

Comencé a pensar en los miles de personas alineadas junto a las calles e inmediatamente me preocupé por nuestro pequeño hijo. Recordé historias del periódico acerca de un raptor de niños en aquella zona y me pregunté si Michael no se habría convertido en su próxima víctima.

Nos dirigimos hacia el auto de policía más cercano y llenamos un formulario reportando a una persona perdida. Cuando finalicé la descripción, Greg me preguntó si podía hablar conmigo a solas. Me miró directamente a los ojos y me dijo muy tiernamente: "Papá, si no encontramos a Michael, ¿puedo quedarme con su cuarto?"

Greg siempre tiene la habilidad de calmarnos en el medio de las situaciones tensas. Sin embargo, me alegré de que Norma no hubiera escuchado ese comentario, porque probablemente no le hubiera parecido muy divertido. Pero ahora me sentía relajado. Algunos minutos más tarde, Michael llegó hasta nosotros junto con algunos corredores que habían demorado en finalizar la carrera.

Aquella noche, todos reímos juntos recordando el incidente, y me di cuenta de que éste era otro ejemplo del secreto de una familia unida. Este secreto es un factor común de cualquier familia unida que haya conocido.

El doctor Nick Stinnett, de la Universidad de Nebraska, supervisó un estudio realizado con varias familias en toda la nación, familias que eran muy felices y que tenían muchas satisfacciones en la relación padre-hijo. Para realizar este estudio, centró su atención solamente en las familias que constaran de un esposo, una esposa y por lo menos un hijo que viviera en la misma casa. Sin embargo, el secreto de la unidad se aplica también a familias en las cuales hay uno solo de los padres, o a cualquier grupo pequeño.

Seis características de una familia unida

El doctor Stinnett descubrió que existían seis características constantes entre estas familias. En primer lugar, los miembros de la familia se expresaban un alto grado de aprecio el uno por el otro. Varias familias inclusive habían creado proyectos en sus casas para estimular el elogio. Por ejemplo, en un grupo familiar de cinco personas, sucedió un hecho al que el doctor Stinnett llamó "bombardeo". Cada dos o tres meses, los miembros de la familia se reunían y cada uno de ellos dedicaba un minuto para elogiar a otro miembro de la familia. Algunas veces estas sesiones eran ligeramente incómodas, pero con toda seguridad resultaban estimulantes e inspiradoras.

En segundo lugar, los miembros de estas familias pasaban mucho tiempo juntos. Disfrutaban genuinamente de estar juntos. Se *preocupaban* por hacer cosas que involucraran a todos.

La tercera característica era que estas familias exitosas tenían buenos patrones de comunicación. Dedicaban tiempo para hablar los unos con los otros. La clave para la comunicación efectiva, de acuerdo al doctor Stinnett, era que los miembros de estas familias escuchaban y se preocupaban por comprenderse mutuamente.

En cuarto lugar, las familias tenían un fuerte sentido del compromiso. Promovían activamente la felicidad y el bienestar de los demás. Un ejemplo de este compromiso se veía en como se conducían estas familias cuando las actividades aumentaban y, por lo tanto, podían pasar menos tiempo juntos. En un hogar, cada miembro de la familia hacía una lista de sus actividades individuales. Luego tachaba aquellas que realmente no deseaba hacer o que no eran muy importantes, para tener más tiempo libre para la familia.

La quinta característica común de las familias unidas era un alto grado de orientación religiosa. Sus miembros participaban juntos, y en forma regular, en diferentes actividades de la iglesia.

Estaban comprometidos con un estilo de vida espiritual.

La característica final era que tenían la habilidad de enfrentar las crisis de una manera positiva. Esto no quiere decir que disfrutaran de las crisis, pero inclusive en las peores situaciones podían encontrar algún elemento positivo, por más pequeño que fuera.

En lo que resta de este libro, deseo centrar mi atención en dos de estos factores que me parecen ser los más importantes. Juntos forman el secreto para desarrollar familias unidas:

1. Pasar tiempo juntos pone el cimiento para una familia unida.

2. Las familias unidas poseen la habilidad de enfrentar las crisis de una manera positiva.

1. Compartir experiencias de la vida

Haces varios años, yo solía dar conferencias anuales a grupos de entre cuatrocientas a dos mil personas en cincuenta ciudades diferentes. Comencé a notar que ciertas familias en las audiencias gozaban de una relación inusualmente feliz. Esto me intrigaba y comencé a estudiarlas. Entrevistaba a la esposa, al esposo y a los hijos por separado. A cada uno le hacía la misma pregunta: "¿Cuál te parece que es la razón que hace que ustedes sean una familia tan unida y feliz?"

Lo que descubrí, me asombró. Cada miembro de la familia me respondía básicamente lo mismo: "Hacemos muchas cosas juntos."

También descubrí que estas familias tenían una actividad en común: acampar. Un ministro de Dakota del sur confirmó esta idea. Me contó que cuando le preguntó a cada uno de sus hijos por separado, cuál era la mejor cosa que habían hecho juntos como familia, cada uno de ellos respondió "acampar". No estoy haciendo un alegato a favor de esa actividad. Como familia, hemos acampado por más de quince años y he descubierto que ¡acampar no es el secreto! Pero creo que el secreto de ser una familia unida casi siempre puede encontrarse *en* un campamento.

Una de las razones por las cuales nuestra familia es tan unida es que aumentamos al máximo el tiempo que podemos estar juntos, y reducimos al mínimo el tiempo en que estamos separados. Esto no quiere decir que no podamos estar solos como individuos. Yo trabajo todos los días. Mi esposa maneja nuestra oficina. Nuestros hijos van a la escuela. A mi esposa le gusta mucho nadar e ir a hacer gimnasia sola. A mí me gusta leer un libro o mirar algún programa de televisión solo, y me encanta correr solo. Casi todos los días, todos nosotros tenemos actividades que realizamos solos.

Pero la mayor parte del tiempo, tratamos de disciplinarnos como familia para organizar momentos en que estemos todos juntos. Por ejemplo, los viernes es la noche familiar. También compartimos la vida de la iglesia juntos y visitamos los hogares de algunos amigos juntos. Compartimos todo el verano juntos; mi familia viaja conmigo a diversos seminarios en los que debo dar conferencias, y planeamos una vacación especial. En Navidad pasamos dos semanas juntos, otra semana en pascua, y tomamos fines de semana para realizar varias actividades especiales a lo largo del año. Debido a mi profesión, tengo la oportunidad de llevar conmigo a mi familia por largos períodos, pero las salidas de todos los días proveen las mismas oportunidades para estar unidos. Simplemente se necesita un poquito de ingeniosidad para encontrar cosas divertidas que toda la familia pueda disfrutar. Este principio es válido también para los esposos y las esposas que no tienen hijos. Un matrimonio unido es el resultado de dos personas que comparten numerosas experiencias. Un verano, Norma me preguntó si podría llevarla a un zoológico donde los animales están sueltos. Yo acepté la sugerencia y pedí prestado un auto en el lugar donde me encontraba dando conferencias. Cuando llegamos al parque, nos dieron un folleto que hablaba acerca de los animales y explicaba que si teníamos cualquier dificultad con el auto, debíamos tocar la bocina y un amigable cuidador en una camioneta vendría a rescatarnos.

Cuando estábamos en la mitad del parque, nuestro pequeño convertible se recalentó. Nos hicimos a un lado del camino y comencé a hacer sonar la bocina. Ninguna camioneta con un amigable cuidador vino a rescatarnos, pero varios burros salvajes se acercaron y trataron de mordisquear el techo del convertible. Nuevamente toqué la bocina y por el espejo retrovisor vi cómo se aproximaba una manada de búfalos. En pocos momentos, nos rodearon. Norma deseaba que yo tocara nuevamente la bocina pero yo temía que los animales asustados salieran en estampida y volcaran el automóvil. Uno de los búfalos se inclinó justo a mi lado y puso su cabeza contra el vidrio de la ventanilla. Su aliento empañaba el vidrio mientras que sus grandes ojos negros miraban para ver si teníamos comida. Norma y yo nos tomamos de la mano para tratar de confortarnos mutuamente. Yo no quería mirar, pero preguntaba una y otra vez: —¿Ya se fue?

—No —decía Norma—. ¿Podrías tocar la bocina?

—No puedo. Escucha nada más cómo respira.

—Esa no es su respiración. ¡Es la mía! —me dijo Norma.

Gradualmente, los búfalos perdieron interés en nosotros y se alejaron. Cuarenta y cinco minutos después pudimos lograr que el auto arrancara y manejar a través del resto del parque. Experiencias como éstas son las que hemos compartido como pareja o como familia y que nos han dejado grandes recuerdos. Las experiencias vividas en común unen a las personas.

Algunos atletas profesionales me han contado que lo difícil cuando se retiran es que extrañan la camaradería de su equipo. Este lazo único se construye a través del entrenamiento duro y de competir juntos durante meses y años. Este tipo de unidad debería existir en todas las familias.

Un verano, mis hijos y yo fuimos a pescar en el estado de Washington. Encontramos una increíble cascada que caía formando una hermosa piscina. Como yo he pescado desde que estaba en el tercer grado, sabía exactamente cómo pescar truchas en esas aguas. Michael y Greg no tenían experiencia, pero insistieron en preparar sus propias cañas de pescar. Greg no hizo las cosas bien. Su sedal era demasiado largo y delgado. El anzuelo de su caña era demasiado grande y la carnada no lo cubría. Yo tenía todo en perfectas condiciones y aunque no me fue fácil, dejé a los muchachos y me arrastré por debajo de la cascada en lugar de quedarme en la parte de adelante, donde no había ninguna posibilidad de pescar nada.

Arrojé mi línea y estaba tratando de quedarme perfectamente quieto, cuando escuché el grito de Greg. Había pescado una trucha de una variedad especial que medía más de medio metro. Yo, el pescador "experto" de la familia, había pescado un ejemplar de ésos solamente una vez en mi vida. Greg, con su línea maltrecha, había logrado lo imposible.

Traté de llegar hasta donde estaba Greg para ayudarle a recoger el pez, pero las rocas eran muy resbalosas, así que traté de dirigirlo. El gritaba y enrollaba su línea con demasiada rapidez. Traté de decirle que lo hiciera más despacio, pero él estaba demasiado entusiasmado para escucharme. Cuando el pez llegó a la orilla y Greg estaba listo para agarrarlo, el anzuelo se soltó de la línea porque no lo había atado correctamente. Y el pez se alejó nadando. Greg arrojó la caña, se echó en el suelo y comenzó a llorar descontroladamente.

Me dolía el corazón. Los dos teníamos esperanzas de hacer embalsamar su pescado. En los cinco años que han transcurrido desde esa experiencia, Greg jamás volvió a pescar otro pez de esa clase. Todavía lo recordamos con lástima, aunque también vemos la parte humorística.

Otro incidente que unió más a nuestra familia sucedió en las montañas del Parque Nacional de la Sequoia en California. Un pequeño arroyo que corría sobre un enorme pedazo de granito, había creado un gigantesco tobogán acuático natural. Al final terminaba en dos piscinas de agua. Los muchachos y yo quisimos probarlo.

Luego de haberlo intentado varias veces, Greg me preguntó si me parecía que podía deslizarse y al final, tratar de doblar para caer en la piscina más pequeña. Miré el declive y el ángulo que tendría que girar y le dije: "Claro que puedes hacerlo." Comenzó a descender y tomó más velocidad de la que esperábamos. Cuando quiso doblar, voló por sobre un acantilado de dos metros de alto, pero desde donde estaba Norma, parecía que se había caído a un precipicio. Cayó en una barranca, se golpeó contra la pared de granito y rodó seis o siete metros hasta caer en una gran piscina. Al llegar al agua, estaba inmóvil.

Michael y yo permanecimos congelados de temor. Kari y Norma gritaron que había matado a Greg. Finalmente corrí hacia él y le escuché musitar que le parecía que se había roto la espalda. Yo me sorprendí de verlo con vida. Luego de unos veinte minutos, Greg se pudo levantar y caminar lentamente montaña arriba. Al cabo de una hora ya estaba bien.

Aquella experiencia nos dejó algo como familia. En primer lugar, *estábamos juntos*. El estar juntos provee la base para compartir experiencias que se convierten en preciosas memorias. En segundo lugar, enfrentar dificultades hace que una familia se una mucho más. Esta experiencia nos hizo apreciar el valor de estar juntos al tener que admitir la posibilidad de vivir sin Greg. Los recuerdos de estar juntos en las vacaciones cuando las cosas salen mal o cuando compartimos una aventura, es lo que *une* a la familia. A medida que sigas leyendo, verás más claramente de qué manera una familia se une más cuando aprende a enfrentar las situaciones difíciles.

2. Tratar con las dificultades en una forma positiva

Cuando salimos de campamento, generalmente podemos garantizar que algo andará mal: lluvia, mosquitos, quedarnos sin gasolina, la pinchadura de un neumático, perder dinero, olvidar el ingrediente principal para una comida. Este tipo de inconveniente une a la familia.

Hemos pasado mucho tiempo juntos como familia, y no todos los momentos han sido difíciles. Muchas veces, todo se desarrolla con normalidad. Pero cuando algo sucede (algo ocasionado por una fuerza exterior que no podemos controlar) podemos reconocerlo y aceptarlo como un factor muy importante que nos unirá.

No siempre al enfrentar tales crisis nos unimos inmediatamente. Con frecuencia se produce mucha tensión, y es fácil irritarse y enojarse. Un punto importante que debemos recordar, es que si el conflicto surge dentro de la familia y yo reacciono de manera áspera y enojada y les grito a mis hijos o a mi esposa, o ellos me gritan a mí, esto puede separarnos, porque quebranta el principio que compartimos en el capítulo 1. En un conflicto es natural que exista cierta cuota de tensión o de enojo, pero los miembros de la familia deben reconocer esto y no cerrar los espíritus de los demás. Si el conflicto proviene de afuera de la familia, y no nos hemos ofendido mutuamente, simplemente reconocemos que en pocos días o en pocas semanas miraremos hacia atrás y al pensar en esta experiencia, generalmente riéndonos, veremos cómo nos ha unido más aún.

Un verano, tuvimos una experiencia increíblemente unificadora en un campamento en el sur del estado de Wisconsin, donde me encontraba dictando unas clases. Kari y Greg ayudaban en la sección del cuidado de los niños, enseñando a los hijos de las personas que asistían a la conferencia. Luego del primer día, Kari me dijo: "No soporto este campamento. Quiero quedarme contigo y con mamá." Norma y yo cedimos y se lo permitimos, sin saber que las reglas no permitían que los hijos estuvieran junto con los padres.

El director del campamento en el que trabajaban Kari y Greg se enteró del problema y conversó con Kari durante un par de horas. Finalmente, le preguntó a Kari si estaba dispuesta a darle a Dios la oportunidad de cambiar las circunstancias y permitir que este campamento fuera significativo para ella. Con renuencia, Kari accedió.

Al día siguiente, las cosas cambiaron radicalmente. Conoció a varias jovencitas de las que se hizo muy buena amiga, y tuvo una experiencia inolvidable enseñando a los pequeños. Aprendió una lección valiosa: que Dios puede cambiar las circunstancias, aun en las situaciones más difíciles.

Todavía nos reímos al recordar la experiencia de ese campamento y nos sorprendemos por el absoluto cambio de actitud de Kari. Actualmente, ella está ahorrando dinero para volver a ese campamento, el mismo que un día dijo que no podía soportar.

Al comprender la unidad que proviene de compartir dificultades, casi nos sentimos desilusionados cuando todo sale bien. Si algo sale mal, nos damos cuenta de que nos podemos desalentar y estar tensos, y que el beneficio lo notaremos algunos días o semanas más tarde.

Esta segunda parte del secreto de ser una familia unida se puede comparar a lo que ocurre en una trinchera. Todos los hombres que han luchado juntos contra un enemigo común, probablemente queden unidos por el resto de sus vidas. ¿De qué manera funciona? Los recuerdos agradables o desagradables nos unen más. Nos proveen un terreno común para la conversación.

Imagínate lo que sería quedarse atascado en un ascensor junto con otras cinco personas durante dos días. Todos experimentarían hambre, sed, temor, inseguridad, y tal vez hasta claustrofobia. Si años más tarde se vuelven a encontrar, los seis se reirán y compartirán esta experiencia única: "¿Te acuerdas lo que sucedió el segundo día?" "Oh, sí. ¡Fue terrible!" Cuanto más desafiantes, peligrosas y llenas de aventura sean las experiencias, más tienden a unirnos a aquellos con quienes las hemos compartido.

Es muy importante estar juntos como familia en diversos momentos a través del año; por lo tanto, veamos algunas maneras prácticas y significativas de poner en práctica este principio.

TRES MANERAS PRACTICAS DE COMPARTIR LA VIDA

1. Planea tiempos definidos para estar juntos

Como la única forma que existe de desarrollar relaciones profundas con nuestros hijos es que pasemos tiempo con ellos, debemos hacer planes todos los meses para pasar tiempo con nuestros hijos.

La decisión de pasar tiempo juntos debe tomarse y mantenerse. Hay veces que no tenemos deseos de estar con el resto de la familia, o que nos parece que no tenemos tiempo. Es entonces cuando necesitamos evaluar de qué manera estamos invirtiendo nuestro tiempo y cuáles son las cosas que podemos eliminar para pasar tiempo con la familia.

Algunas veces planeamos un viaje con la familia, y el día antes de salir, uno de los hijos dice que no desea ir; pero como ya hemos decidido como familia que iremos, realizamos el viaje. Como padres nos hemos puesto de acuerdo que no romperemos nuestras promesas, porque éste es uno de los principales factores que cierran el espíritu de nuestros hijos.

2. Descubre la actividad que le gusta más a cada persona

Una vez que los padres se han puesto de acuerdo en que es importante que pasen algún tiempo juntos como familia, deben discutirlo con sus hijos. Si sus espíritus están cerrados, es probable que se resistan. Pero la mayoría de los niños dirán que desean hacer cosas juntos como familia.

Una vez que todos los miembros de la familia se hayan puesto de acuerdo acerca de la necesidad de estar juntos, los padres deberán pedirles a los hijos que hagan una lista de las actividades que les gustaría realizar. Puedes utilizar la escala del cero al diez, en la cual el diez represente a la actividad más divertida y satisfactoria.

Cuando pusimos a prueba esto en nuestro hogar, Norma dijo que ella le asignaría un "diez" a un lugar donde pudiéramos ir de vacaciones, en donde hubiera centros de compras, sitios interesantes para visitar, una playa y bonitos restaurantes. Kari opinó casi lo mismo. Greg deseaba un lugar donde pudiera pescar, escalar y bucear. La respuesta de Michael fue exactamente la misma, sólo que también incluía jugar a la pelota. Yo escogí básicamente las mismas cosas que los muchachos.

Pusimos nuestras listas juntas y comenzamos a pensar en lugares que fueran económicamente accesibles en los cuales pudiéramos acomodar todas nuestras aspiraciones. Escogimos la Isla Catalina, justo frente a la costa de California. Esta isla tiene bonitos negocios y lugares donde comer. Tiene playa con hermosas aguas. Los muchachos y yo podíamos ir a escalar, a bucear y a pescar. Durante dos veranos consecutivos, fuimos allí por tres o cuatro días, y pasamos un tiempo fantástico juntos.

A continuación presentamos un bosquejo que tal vez ayude a tu familia a fijar algunas actividades o experiencias específicas que podrían compartir.

¿Qué actividades podemos compartir juntos en la vida?
- *Las actividades de la iglesia*
  estudios bíblicos_____
  grupos de oración_____
  　　¿cuándo?_____
  　　¿dónde?_____
  　　¿con cuánta frecuencia?_____
  oportunidades para testificar (viajes misioneros)_____
  　　¿cuándo?_____
  　　¿dónde?_____
  　　¿con cuánta frecuencia?_____
  ayudar a las personas de la comunidad_____
  　　¿cuándo?_____
  　　¿dónde?_____
  　　¿con cuánta frecuencia?_____
- *Viajes o vacaciones*
  ¿cuál sería mi vacación soñada?_____
  ¿qué debería incluir?_____

¿Cuáles son dos de mis actividades favoritas? Escribe una descripción detallada de una de ellas.

¿Cuál es alguna actividad en la vida a la que le temo o que me parece difícil de enfrentar? Pídele a los miembros de tu familia que te ayuden a vencer esta esfera de temor.

3. Planea los momentos juntos como familia considerando los gustos de cada persona

Luego de conocer los deseos de cada uno con respecto a las actividades familiares, las familias pueden planear un viaje, una vacación o salidas especiales que satisfagan las necesidades de cada miembro de la familia.

Algunos de nuestros viajes familiares fueron un desastre, porque yo insistí en viajar a las montañas de Colorado para acampar lejos de la civilización, junto a algún hermoso arroyo, a kilómetros de distancia de los centros de compras y de los restaurantes. No pasó mucho tiempo antes de que nos diéramos cuenta de que para pasar momentos familiares significativos, se deben incluir los gustos de todos los miembros, especialmente de mamá. Yo pude encontrar ese arroyo en medio de las montañas cerca de un pequeño pueblito, al cual Norma podía ir caminando en pocos minutos.

Nuestra familia pasa uno o dos meses todos los veranos en un campo de deportes en Branson, Missouri. Yo me dedico a enseñar y aconsejar mientras que mis hijos participan de las actividades del campamento y se entrenan para ser consejeros en el futuro. Cerca de allí hay lugares increíbles para pescar y para ir de compras. Tiene todo lo que podamos desear.

Un verano, Michael y yo experimentamos un momento especial en este campamento. A él le quedaba un último evento en el cual clasificarse, la ballestería. Había llegado a su último tiro y necesitaba obtener siete puntos, para lo cual debía acertar al blanco o al círculo siguiente. Algunas de sus flechas habían errado totalmente el blanco y se habían perdido en los bosques, por lo cual estaba muy desanimado. Yo había tenido bastante éxito con la ballestería en las clases de la universidad, y trataba de animarle y de decirle qué era lo que tenía que hacer. Sin embargo, me sentía mal por él, porque me parecía que después de todo su esfuerzo, no obtendría su clasificación.

Michael echó la flecha hacia atrás, luego se detuvo, relajando la cuerda. Estaba muy nervioso. Yo lo palmeé en el hombro, le dije que lo tomara con calma y agregué: "Sé que puedes lograrlo." El volvió a tensar el arco, lo puso contra su mejilla, y disparó la flecha. ¡Dio en el blanco! Ambos saltamos, gritamos de alegría y nos abrazamos.

Estas experiencias forman las fibras mismas que entrelazan a una familia y la transforman en una unidad. Pero esto no sucede a menos que reconozcamos el valor de estar juntos y de programar momentos teniendo en cuenta los intereses de cada miembro de la familia.

GUIA DE ESTUDIO

Las preguntas y ejercicios en esta guía de estudio están programados tanto para el estudio individual como en grupo. Por lo tanto, pueden utilizarse como guía para la meditación individual o para la discusión en grupo. Durante la primera reunión del grupo, sugerimos que dediquen algunos minutos para que cada miembro se presente y comparta algo acerca de su fe.

Si es posible, una buena idea es compartir la responsabilidad de la conducción del grupo entre los miembros del mismo. Sin embargo, si un individuo posee condiciones excepcionales para desarrollar la tarea de líder, escojan a esa persona para que guíe las charlas cada semana. Recuerda, la responsabilidad del líder simplemente es guiar la discusión y estimular el intercambio. Nunca debe dominar en cuanto a los procedimientos. Más bien, el líder debe animar a todos los miembros del grupo a participar, expresando sus puntos de vista individuales. El o ella deben procurar mantener viva la discusión animando al resto a participar.

Si uno de los propósitos del grupo es crear una comunidad que se preocupe por los demás, es buena idea dedicar tiempo para compartir preocupaciones individuales y para orar los unos por los otros. Esta oración puede ser en silencio o en voz alta.

1. COMO VENCER AL PRINCIPAL DESTRUCTOR DE LAS FAMILIAS

1. Como padre, ¿alguna vez has tratado a uno de tus hijos como lo hizo el doctor Smalley con Greg?

2. En tus propias palabras, define qué es lo que quiere decir el autor con la expresión "un espíritu cerrado".

3. ¿Cuáles son los "cinco pasos para reabrir el espíritu de un hijo"? (Ver páginas 26-32.)

4. ¿Qué debes hacer si tu hijo se niega a perdonarte?

5. ¿Dónde crees que te encuentras en la evaluación de las páginas 37 y 38?

6. ¿Cuántas de las respuestas que se encuentran en las páginas 39-42 se aplican a tu hogar?

2. LA PATERNIDAD QUE OBTIENE RESULTADOS POSITIVOS

1. ¿Cuál es la clase de padre que tiende a producir los resultados más negativos en los hijos?

2. ¿Cuál es la clase de padre más inmaduro en sus reacciones?

3. Enumera las cuatro razones principales de la indiferencia paterna que se describen en este capítulo.

4. ¿Cuál es la principal razón por la cual los padres son permisivos?

5. ¿Cuál es el lado positivo de los padres permisivos?

6. Los padres "amorosos y firmes", ¿de qué combinación son el equilibrio apropiado?

7. Menciona los dos factores más importantes de una paternidad positiva.

3. LA EXPRESION DEL APOYO AMOROSO. EL ASPECTO MAS IMPORTANTE DE LA CRIANZA DE LOS HIJOS

1. ¿Qué significa para ti "compromiso incondicional con tu hijo"?

2. En una escala del 0 al 10, ¿dónde les parece a tus hijos que se encuentran en la relación contigo?

3. ¿Qué significa para ti "estar disponible"?

4. ¿Qué piensas acerca de la práctica del autor del "trato tierno"?

5. ¿Por qué es importante "escuchar tiernamente"?

6. Lee las páginas en las que el autor habla acerca del "contacto visual" y discute sus inferencias.

7. ¿Cuáles son algunas de las características de alguien que sabe escuchar?

8. Discute la importancia del "contacto físico".

4. EQUILIBRANDO EL APOYO AMOROSO POR MEDIO DE CONTRATOS

1. El doctor Smalley habla acerca de establecer "límites" y cita al doctor Howard Hendricks que dice: "Si no aspiras a nada, no lograrás nada." Discute la veracidad de esta afirmación en relación con la disciplina.

2. Piensa en las tres reglas que el doctor Smalley enumera en

la página 79. ¿Te gustaría añadir algo?

3. ¿Qué piensas acerca de las listas de "límites" y de "aprendizaje" de la página 80?

4. Los bosquejos 1, 2 y 3 de las páginas 85-88, ¿se adaptarían a tu hogar, realizando los ajustes necesarios de acuerdo a la situación de tu familia?

5. ¿Qué clase de "privilegios" perdería tu familia?

6. ¿En qué momento los padres deben comenzar a insistir en el punto 6, "las cualidades" de sus hijos?

7. ¿Qué piensas acerca del "contrato para conducir" utilizado por la familia Smalley?

8. ¿Tienes algún problema con respecto al contrato acerca del castigo corporal expuesto en la parte final de este capítulo?

5. TRES MANERAS PODEROSAS DE MOTIVAR A LOS HIJOS

1. ¿Cuáles son las "tres maneras poderosas de motivar a los hijos" mencionadas en este capítulo?

2. ¿Cuál de los dos factores motivadores enunciados en la página 105 te parece preferible?

3. En las páginas 107-111 se enumeran cinco clases de personalidades. ¿Cuáles de éstas te parece que corresponden a tus hijos? ¿Alguna de estas clases es superior a las otras? Discutan esto.

4. ¿Cómo trabaja el "principio de la sal"? Piensa en las ilustraciones del autor y adáptalas a tu propia situación.

5. ¿Por qué las "metáforas que comparan las emociones con una experiencia" son tan efectivas para motivar a las personas?

6. DIECINUEVE MANERAS ADICIONALES DE MOTIVAR A LOS HIJOS

1. Discute la diferencia entre establecer metas para tus hijos y ayudarles a alcanzar sus propias metas.

2. ¿Estás de acuerdo en que las fuerzas motivadoras más poderosas generalmente provienen de afuera de la familia? (Ver la página 125.)

3. Piensa en el poder del elogio. ¿Piensas que es tan poderoso como dice el autor?

4. El doctor Smalley sugiere que los padres involucren a sus hijos en diversas actividades y que esperen que hagan las cosas bien. ¿Cuáles son algunas de las actividades que están al alcance de tu familia? ¿Cómo puedes hacer para que tus hijos